**ARNOLD BONAKER**

# Ein Dirigent mit Lampenfieber

## MUSIK IST MEIN LEBEN

novum pro

www.novumverlag.com

Bibliografische Information
der Deutschen Nationalbibliothek:

Die Deutsche Nationalbibliothek
verzeichnet diese Publikation in
der Deutschen Nationalbibliografie.
Detaillierte bibliografische Daten
sind im Internet über
http://www.d-nb.de abrufbar.

Alle Rechte der Verbreitung,
auch durch Film, Funk und Fernsehen,
fotomechanische Wiedergabe,
Tonträger, elektronische Datenträger
und auszugsweisen Nachdruck,
sind vorbehalten.

© 2021 novum Verlag

ISBN 978-3-99107-519-6
Lektorat: Anna Skalsky
Umschlagfotos: pixabay.com,
Miceking | Dreamstime.com
Umschlaggestaltung, Layout & Satz:
novum Verlag
Autorenfoto: Arnold Bonaker

Gedruckt in der Europäischen Union
auf umweltfreundlichem, chlor- und
säurefrei gebleichtem Papier.

**www.novumverlag.com**

# Inhaltsverzeichnis

Vorwort . . . . . . . . . . . . . . . . . . . . . . . . . . . . . . . . . . . 7
Zusammenfassung . . . . . . . . . . . . . . . . . . . . . . . . . . 8
Tournee durch Europa . . . . . . . . . . . . . . . . . . . . . . . 9
1 Aufführung in der Scala in Mailand am 21. März;
 Edvard Grieg und Beethoven, Messe in C . . . . . . . . . . 13
2 Aufführung in der neuen Pariser Philharmonie
 am Samstag, den 28. März; Mozart, Requiem . . . . . . . 19
3 Aufführung in dem Concertgebouw in Amsterdam
 am Donnerstag, den 2. April . . . . . . . . . . . . . . . . . . 25
 *Joseph Haydn, Die Schöpfung* . . . . . . . . . . . . . . . . . . 25
4 Aufführung in der Berliner Philharmonie am Dienstag,
 den 14. April; Requiem in C von Cherubini . . . . . . . . 28
5 Aufführung in der Sala Koncertowa in Warschau
 am Dienstag, den 14. April; . . . . . . . . . . . . . . . . . . . 33
 *Grieg, Beethoven, Messe in C* . . . . . . . . . . . . . . . . . 33
6 Aufführung in der Großen Gilde in Riga
 am 19. April, Mozart, Requiem . . . . . . . . . . . . . . . . 37
7 Aufführung in der modernen Sarjade in Moskau
 am 26. April; Cherubini, Requiem in C . . . . . . . . . . 41
Die Gartenfeier . . . . . . . . . . . . . . . . . . . . . . . . . . . . . 45
Aufführung in der Sacré-Cœur am 25 Mai,
 Messe in C-Moll von Robert Schumann . . . . . . . . . . 55
Hochzeit von Petra und Bernhard am 17 Juli . . . . . . . . . 56
 *Brautkleidung* . . . . . . . . . . . . . . . . . . . . . . . . . . . . 62
 *Polterabend* . . . . . . . . . . . . . . . . . . . . . . . . . . . . . 66
 *Standesamt* . . . . . . . . . . . . . . . . . . . . . . . . . . . . . 67
 *Kirchliche Trauung* . . . . . . . . . . . . . . . . . . . . . . . . 70
 *Die Hochzeitsfeier* . . . . . . . . . . . . . . . . . . . . . . . . . 73
Proben für die Messe
in C-Moll von Robert Schumann . . . . . . . . . . . . . . . . 84

Aufführung der Messe in c-moll von
Robert Schumann am 15. August in der
Pfarrkirche Saint-Paul Saint Lois .................... 85
Daniel und Friederike ........................... 87
Schwangerschaft, Geburt und Taufe ................ 92
Aufführung des Weihnachtsoratoriums in der
Pfarrkirche Saint-Paul Saint Lois am 19. Dezember ..... 98
Weihnachten ................................... 100
Familienneuigkeiten ............................ 102
Tournee durch Frankreich ....................... 104
75. Geburtstag meines Vaters .................... 111
75. Geburtstag meiner Mutter ................... 113
Die Begegnung mit einem Pferd ................. 115
Bootsfahrt auf der Seine mit Tanzmusik ............ 127
Die Beerdigung meines Vaters ................... 129
Schlusswort ................................... 133

# Vorwort

Eines Morgens hatte ich die Idee, ein Buch über Musik zu schreiben. „Musik ist mein Leben" sollte es heißen. Am Abend vorher hörte ich ein Video mit harmonischer Musik: Gitarre, Harmonium und meditativem Gesang von einer Frau und einem Mann. Das muss mich so bewegt haben, dass ich über Nacht den Wunsch entwickelte, schriftstellerisch tätig zu werden.

„Musik ist mein Leben" gab es schon als Buchtitel, so wählte ich „Ein Dirigent mit Lampenfieber".

Natürlich gibt es schon genügend Bücher, aber nicht dieses von mir.

Mein Dank gilt meiner Partnerin Ingrid und meinen Töchtern Sophie und Alva. Sie haben Korrektur gelesen.

Einen herzlichen Dank spreche ich auch meiner Lektorin Anna Skalsky aus.

# Zusammenfassung

Ein Dirigent mit Lampenfieber plant eine Europatournee mit seinem Orchester und seinem großen Chor von Mailand über Paris, Amsterdam, Berlin, Warschau, und Riga nach Moskau. Er möchte berühmt werden.

Er sagt zu sich:
   An meinem Lebensende möchte ich nicht denken, hätte ich doch das Leben mehr genossen. Ich möchte das Leben mit all meinen Sinnen und Fasern auskosten, denn ich bin jung, vierzig Jahre, das ist kein Alter, und möchte viel erleben, Alles, was möglich ist, musizieren, dirigieren, eine harmonische Familie haben und noch viel mehr. Geld spielt eine untergeordnete Rolle.

Ich lebe für die Musik, heiße Vincent van Delft, bin gebürtiger Holländer und wohne in Paris in der Rue La Fayette zwischen der Opera und dem Parc des Buttes-Chaumont.

Vor 18 Jahren habe ich meine Frau Chantal geheiratet. Wir leben glücklich mit unserer 17-jährigen Tochter Petra und unserem 15-jährigen Sohn Daniel. Beide gehen in eine Waldorfschule. Daniel spielt Cello und Petra spielt mit ihrer Querflöte in unserem Orchester. Sie hat einen Freund, der in dem Orchester den Kontrabass spielt.

# Tournee durch Europa

1. 21. März, Samstag, in der Mailänder Scala Grieg; Beethoven, Messe in C
2. 28. März, Samstag, in der Pariser Philharmonie Mozart, Requiem
3. 02. April, Donnerstag, in dem Conzertgebouw in Amsterdam Haydn, die Schöpfung
4. 07. April, Dienstag, in der Berliner Philharmonie Cherubini, Requiem in C
5. 14. April, Dienstag, in der Sala Concertowa in Warschau Grieg; Beethoven, Messe in C
6. 19. April, Sonntag, in der Großen Gilde in Riga Mozart, Requiem
7. 26. Mai, Sonntag, in der modernen Sarjade in Moskau Cherubini, Requiem in C

Am 21. März ist unser erster Auftritt in der Mailänder Scala, in diesem wunderschönen Raum. Dort haben wir noch nie gespielt. Bin ich nicht etwas größenwahnsinnig? Aber, jetzt ist unsere Tournee fest geplant. Ehrlich gesagt: ich habe Bammel vor soviel Publikum und soviel Aufmerksamkeit. Warum eigentlich?

In der Mailänder Scala wollen wir die Peer Gynt, Suite No.1, Op. 46 von Edvard Grieg spielen und von Beethoven die Messe in C.Dur für Soli, Chor, Orchester und Orgel, op. 86. Die Peer Gynt Suite müssen wir noch mit dem Orchester und dem Chor proben, bis es einwandfrei klingt. Es sind doch noch zwei Wochen bis zum Tournee-Beginn.

Heute ist erst der 7. März. Ich muss mich ein wenig beruhigen, sonst wird es wieder so eine Blamage wie im letzten Herbst, als wir die *Berliner Messe* von Arvo Pärt in der Großen Gilde in Riga gespielt haben. Der Saal war voll. Das „Kyrie" haben wir gut gespielt. Doch als ich den Taktstock für das „Gloria" hob, wurde mir ganz anders. Mein steifer Kragen war mir zu eng, so als wenn ich nicht genügend Luft bekomme. Ich musste den Taktstock sinken lassen und konnte mich gerade noch auf den Beinen halten und die Bühne verlassen.

Das Konzert musste abgebrochen werden. Um die Entschädigung für die Gäste wegen des Konzertabbruchs musste ich mich nicht kümmern. Das machte meine Agentur. Meine Frau brachte mich damals gleich zur Notaufnahme ins nahe gelegenen Krankenhaus. Ich bekam Spritzen, erholte mich und konnte auch bald nach Hause. Chantal, meine Frau, redete auf mich ein, erst einmal keine Konzerte mehr zu geben. Auch meine Kinder waren der gleichen Meinung. Ich aber konnte doch nicht aufhören Musik zu machen, zu dirigieren. Ich musste weiter machen,

M u s i k   i s t   m e i n   L e b e n .

Also plante ich mit meinem Manager diese Europatournee. Um die Fahrten von Stadt zu Stadt musste ich mich zum Glück auch nicht kümmern. Wir werden mit dem Zug fahren, 1. Klasse mit Platzreservierungen. Das beruhigt mich.

Mein Arzt, den ich drei Tage später konsultierte, weiß, dass ich unter Lampenfieber leide. Er besänftigte mich, in dem er mir sagte, keine Medikamente zu nehmen, lieber Yoga zu machen, kleine Spaziergänge in der Natur zu unternehmen, allein, oder mit meiner Frau. Er meinte, ich könnte meine Tournee machen wie geplant, soll aber nicht immer in die Zukunft abschweifen, sondern im Hier und Jetzt sein. Ich sollte meine Stücke gut proben, nicht gleich an die Zuschauer denken und daran, wie es wohl in der jeweiligen Stadt ankommt und wie die Kritik hinterher in den Zeitungen steht.

Ich versuchte, den Rat meines Arztes zu befolgen und machte mit den Proben an der Peer Gynt Suite weiter, mit dem Orchester und mit dem Chor. Stücke von Edvard Grieg zu spielen heißt, sensibel für seine leisen Töne und für die Dramatik zu sein. Ich war zufrieden mit unseren Fortschritten. Die Musiker harmonierten gut miteinander. Es gab keine großen Streitigkeiten, höchstens mal eine kleine Meinungsverschiedenheit, die ich, wenn ich sie mitbekam, in einem kurzen 6-Augen-Gespräch schlichten konnte. Und doch passierte es mir ab und zu, dass ich bei der Probe an unsere dritte Konzertstation dachte, an die schöne niederländische Philharmonie in Amsterdam. In den Niederlanden nennt man sie Concertgebouw. Dort wollen wir „Die Schöpfung" von Joseph Haydn spielen.

Ob meine Musiker und Sänger es wohl merken, wenn ich mit meinen Gedanken beim Dirigieren abschweife? Bisher hat noch niemand etwas gesagt. Während des Probens dachte ich, wir könnten auch in jeder der Städte das gleiche Programm spielen, aber ich habe den Anspruch, das Programm an die Gegebenheiten der jeweiligen Stadt anzupassen. Alle sieben Konzertsäle sind schon gebucht und die Plakate sind auch schon in Arbeit.

Mit einem Mal merkte ich, dass ich beim Dirigieren mit meinen Gedanken in der Zukunft und nicht bei der Sache war, und musste jetzt mit der Probe aufhören. Ich erklärte es den Musikern so, dass wir die Suite schon nahezu perfekt können, und dass wir in drei Tagen mit den Proben für die Messe in C-Dur von Beethoven für Soli, Chor, Orchester und Orgel op. 86 beginnen werden, und zwar zunächst nur mit dem Chor. Zum Glück fragte keiner weiter nach, und alle packten ihre Noten ein. In Wirklichkeit war ich etwas erschrocken über mein erneutes Abschweifen bei der Arbeit.

Auf dem nach Hause-Weg kam mir der Gedanke, dass wir vor dem Auftritt in der Berliner Philharmonie am 14. April gemeinsam einen Spaziergang im Tiergarten machen sollten. Dann fiel mir ein, was mein Arzt mir geraten hatte: Yoga. Also begann ich mit einem Yogakurs, einmal in der Woche.

Von Berufskollegen hatte ich gehört, dass sie während des Dirigierens mitsingen, manchmal laut, manchmal leise oder stimmlos. Ich hatte schon lange nicht mehr gesungen. Bei der nächsten Chor-Probe für die Messe von Beethoven werde ich mitsingen. Das wird mir helfen, ganz und gar in der Gegenwart zu sein.

Unsere Chor-Proben sind normalerweise an den Dienstag Abenden um 19 Uhr. An diesem Abend fing ich nach dem Einsingen mit allen Singstimmen an, das Kyrie zu proben. Die Solisten waren noch nicht dabei. Ich sang innerlich mit. Es hat mir so eine Freude gemacht, wie schon lange nicht mehr. Dann das Gloria, das Credo, Sanctus, Benedictus und das Agnus Dei. Wir machten eine kurze Pause und sangen dann das ganze Werk im Stehen. Ich war zufrieden, die Sänger auch. Mit dem Orchester mussten wir in einer Kirche proben, weil zu der Besetzung des Stückes eine Orgel gehört.

# 1 Aufführung in der Scala in Mailand am 21. März; Edvard Grieg und Beethoven, Messe in C

Am Freitag, den 20. fuhren wir morgens mit dem Zug nach Mailand. Den Transport der Instrumente übernahm eine Spezialfirma. Dort angekommen, haben wir unser Hotel bezogen und sind dann zu einem kleinen Besuch in der Viktor-Emanuel-Galerie gestartet.

Mein Vater ist Architekt, und so habe ich ein Interesse an besonderen Bauten entwickelt.

Wo sollten wir die Generalprobe machen? Ich entschied mich für den Aufführungsort, die Scala in Mailand. Am Vormittag des 21. März. Vorher lasse ich immer eine Stellprobe machen. Um 19 Uhr ist Aufführungsbeginn.

Wir waren alle zwei Stunden früher da. Ich betrachtete den großen, imposanten Raum. War ich aufgeregt? Ja, ein bisschen. Hatte ich Lampenfieber? Auch ein wenig. Aber ich war zuversichtlich, dass alles gut laufen würde, weil unsere Generalprobe schon so gut war. Ich setzte mich auf einem der Besucherplätze und versuchte, mich in einen Zuhörer hineinzuversetzen. Nun ist es endlich so weit. Wir, der Chor und das Orchester, sind im Künstleraufenthaltsraum versammelt. Ich richte noch ein paar Worte an alle. Es ist wie eine stille Meditation.

Ich weiß, dass meine Frau mit unseren Kindern in der 7. Reihe im Parkett sitzt.
    Zwischen dem ersten und dem zweiten Werk wird es eine Pause geben. Die Sänger und Sängerinnen gehen erst zum zweiten Stück auf die Bühne.

Die Spieler des Orchesters betreten die Bühne. Es gibt Applaus. Er beflügelt meine Stimmung. Nun gehe ich auf die Bühne. Der Zuspruch des Publikums nimmt zu. Ich verbeuge mich und gebe ein Zeichen zum Hinsetzen. Noch ein letztes Stimmen der Instrumente, und es herrscht eine totale Ruhe. Ich sammle mich, öffne den obersten Knopf meines Hemdes, damit ich keine Atemnot bekommen werde. Das Orchester beginnt auf mein Zeichen zu spielen. Es ist wunderbar. Ich bin im Fluss, fühle mich in meiner Rolle sehr wohl.

Wir spielen den ersten Teil: **Morning**. Alles läuft gut. Dann den zweiten Teil **Ase's Death**, den dritten Teil **Anitra's Dance** und den vierten **In the Hall of the Mountain King**. Am besten gefällt mir der erste Teil: **Morning**" wie sie sich in ihrer Lebendigkeit steigert und dann wieder etwas ruhiger und beschaulicher wird.

Der letzte Ton ist gespielt. Es herrscht noch eine verhaltene Stille, bis das Publikum mit ihrem lautstarken Applaus zeigt, dass es sehr zufrieden ist. Ich bin es auch. Ich verbeuge mich, gebe dann Zeichen für die Spieler, sich zu verbeugen. Wir verlassen geordnet die Bühne und gehen in den Pausenraum.

Die Pause ist vorbei und wir betreten erneut die Bühne, um die Messe in C-Dur von Beethoven zu Spielen. Nach meinem Erfolg mit dem ersten Stück bin ich zuversichtlich, dass ich jetzt genauso konzentriert sein werde. So ist es.

Wir spielen das **Kyrie**, ich singe innerlich mit. Dann das **Gloria**, das **Credo**, das **Sanctus**, das **Benedictus** und das **Agnus Dei**. Es ist geschafft. Ich bin erleichtert. Dass Publikum zeigt uns, dass wir eine großartige Leistung vollbracht haben. Die Solisten und ich verlassen die Bühne, um dann erneut zu erscheinen. Wir bekommen Blumensträuße gereicht. Der Applaus will nicht enden. Nun wird es langsam ruhiger im Saal und die ersten Besucher verlassen ihre Plätze. Ich sammle mein Orchester, meinen Chor und die Solisten in unserem Pausenraum noch zu einem Abschlussgespräch zusammen, in dem ich ihnen allen für die hervorragende Leistung danke.

Mit meiner Frau und unseren Kindern gehen wir zum Essen in ein Restaurant, in dem ich einen Tisch für fünf Personen reservieren ließ. Vorher ziehe ich mich noch um. Im Restaurant angekommen, schenke ich meiner Frau die Blumen. Sie freut sich genauso wie ich, dass ich nun einen großen Erfolg errungen habe. Während des Essens fragt meine Frau mich, warum meine Eltern nicht zur Aufführung kamen.

Mein Vater interessiert sich für Musik und auch für mich, aber seit etwa zwei Wochen hat er Probleme mit seinem Herzen. Diese lange Fahrt nach Mailand und dann die Aufregung, ob sein Sohn die Nerven behalten wird. Sein Arzt hat ihm von der Reise abgeraten. Aber zur Aufführung in die Pariser Philharmonie will er kommen.

„Jetzt sollten wir zur Feier des Tages einen Sekt trinken" sage ich.
„Für mich nicht" sagt Petra, „weil ich schwanger bin."
„Aha" entfährt es mir. Ich weiß nicht, was ich sagen soll.
„Freut ihr euch darüber?" frage ich schließlich.
„Ja, wir freuen uns beide. Wir haben es nicht zu diesem Zeitpunkt geplant, aber jetzt ist es gut."

„Im wievielten Monat bist Du? Man sieht noch gar nichts."
„Im Dritten."
Ich bestelle Sekt für meine Frau, für Bernhard und mich. Für Petra und Daniel bestelle ich stilles Wasser.
„Ein paar Monate wirst du noch spielen können, Petra. Aber ab September dann nicht mehr. Dann werde ich mir eine Ersatz-Flötistin suchen. Das werdende Kind wird sich bestimmt gut in deinem Bauch entwickeln, bei soviel guter Musik."
„Ja bestimmt."
Unsere Getränke kommen und wir stoßen zu fünft an:

„Auf unseren Erfolg und auf deine Schwangerschaft."

Wir übernachten in einem Hotel und fahren am nächsten Morgen nach Hause. Am Bahnhof kaufe ich zwei Zeitungen. Ich will sehen, wie unsere Aufführung in der Öffentlichkeit dargestellt wird und kaufe die *Corriere della Sera* und die *La Republica*. Im Zug kann meine Frau mir daraus vorlesen. Sie hat Italienisch als Fremdsprache in der Schule gehabt und ist sprachbegabt. Meine Frau sitzt mir gegenüber und blättert im Feuilleton herum. Im *Corriere della Sera* ist eine Spalte über den gestrigen Abend in der *Scala*.

„Na, was steht da?" frage ich.

Sie liest vor. Die Kinder hören auch mit. Die anderen Reisenden in dem Großraum interessieren mich nicht. Meinetwegen können sie es auch mithören. Außerdem kann es ja jeder in den Zeitungen lesen. Sie ließt und übersetzt spontan ins Deutsche:

„Gestern Abend hatte es sich gelohnt, einmal in die *Scala* zu gehen. Das *Orchestre Lamoureux* unter Leitung von Vincent van Delft gastierte dort. Der Saal war bis auf den letzten Platz ausverkauft. Pünktlich um 19 Uhr wurden zu Beginn die Suite No. 1, Op. 46 von Edvard Grieg gespielt, und zwar die Teile 4 bis 7 aus „Peer Gynt". Der Dirigent hat es verstanden, die sanften, melodischen Sequenzen mit seinem Orchester den Zuhörern so zu präsentieren, dass es ein Ohrenschmaus war. Entsprechend war der Applaus am Ende des Stückes. Nach der Pause hat das Orchester mit dem *Choeur classique* die Messe in C-Dur von Beethoven gespielt. Alle sechs Teile dieser Messe, vom **Kyrie** bis zum **Agnus Dei** wurden so gespielt, dass man als Zuhörer nichts anderes konnte, als es zu genießen. Auch hier hat das Publikum nicht mit dem Applaus gespart. Alles in allem war es ein gelungener Abend".

„Also mein Schatz, du kannst zufrieden sein."
 „Das bin ich auch."
 „Und was steht in der *La Republica*?"

„Ach, jetzt nicht, jetzt möchte es erst mal genießen, was du mir vorgelesen hast. Später kannst du mir das Andere vorlesen".

Nun sind es noch drei Tage bis zur nächsten Aufführung in Paris. Dort steht das Requiem von Mozart auf dem Programm, KV 626. Das haben wir natürlich fest in unserem Repertoir.

Es sind noch sechs Tage bis zur Aufführung am 28. März. Hierfür habe ich Proben am Dienstag und am Donnerstag angesetzt. Es sollen immer freie Tage für alle Beteiligten sein, damit keiner sein Privatleben vernachlässigen muss.

Am Dienstag wird zunächst über unseren Auftritt gesprochen. Einige berichten aus ihrem Freundeskreis, die unsere Aufführung erlebt haben, sie wären sehr angetan von der Musik, die wir gespielt haben. Ein Chormitglied hat ein Video mitgebracht, die ein Freund aufgenommen hat. Ich schlage vor, nach der Probe im Lokal das Video herumzureichen. Alle sind einverstanden. Nach dem Einsingen beginne ich mit dem letzten Teil. VIII. Lux aeterna. Einige unterhalten sich, was mich stört, so dass ich um Ruhe bitten muss. Meine Autorität soll nicht untergraben werden.

Die Bass- und Tenor-Stimmen beginnen. Die Altistinnen folgen nach zwei Viertelnoten. Bei Takt neun beginnen die Sopranistinnen. Es klingt wunderbar. Nun singen wir die anderen sieben Teile auch noch. Das **Offertorium** mit **Domine Jesu** und **Hostias** lasse ich im Stehen singen. Beim gemütlichen Beisamensein in unserem Stammlokal verkündige ich, dass am kommenden Donnerstag die vier Solisten dabei sein werden.

Es ist der 26. März und ich freue mich, dass unsere Vorbereitungen so gut laufen. Einen Tag vorher, also am Mittwoch, bekomme ich abends einen Anruf von dem Tenor-Solisten. Er sagt, er könne nicht am Donnerstag zur Probe kommen. Er hat sich erkältet. Ich höre es an seiner Stimme. Ach du meine Güte, denke ich. Ich wünsche ihm gute Besserung und beende das Telefonat. Woher bekomme ich so schnell einen Ersatz? Das macht mich ein wenig nervös. Ich erzähle es Chantal, die mich gleich mit ihrer gütigen Art beruhigt. Sie will sich um einen Ersatz-Sänger kümmern. Wie gut, mir ist jetzt schon leichter ums Herz.

Am nächsten Tag, dem Freitag Mittag ruft sie mich an. Ich bin gerade mit dem Auto am Stadtrand von Paris unterwegs, fahre an den Straßenrand und halte an. Sie erzählt mir stolz, dass sie einen Tenor-Sänger ausfindig gemacht hat. Er sei Solist und hat schon bei einigen Aufführungen gesungen. Er heißt Theo Abelen. Ich notiere mir seine Telefonnummer und bedanke mich bei meiner Frau. Als ich wieder zu Hause bin, rufe ich ihn an. Er verspricht mir, in zwei Stunden bei mir zu sein. Er hält sein Wort und wir besprechen alles, was nötig ist.

Am Freitag Abend, den 28. März, ein Tag vor unserer Aufführung in der Pariser Philharmonie, haben wir unsere Generalprobe. Ein paar Zuhörer sitzen in der ersten bis dritten Reihe. Wir spielen das ganze Requiem durch und tun so, als wäre es eine Aufführung. Der eingewechselte Tenor-Sänger macht seinen Part sehr gut. Ich bin zufrieden. Alle sind zufrieden. Die Zuhörer spenden sogar Applaus. Es ist Balsam für meine Seele.

Ich bitte alle Spieler und Sänger, am nächsten Tag um 17,30 Uhr da zu sein. Zu Hause fragt meine Frau mich, wie die Generalprobe war.

„Es war zu meiner vollen Zufriedenheit," sage ich.

„Na dann kann ja nichts mehr schief gehen," meint sie mit einem Lächeln.

# 2 Aufführung in der neuen Pariser Philharmonie am Samstag, den 28. März; Mozart, Requiem

Der Saal in dieser schönen Philharmonie ist auch ausverkauft. Dieses mal wird es keine Pause geben. Mein Vater sagte mir, er wird mit Mama in der dritten Reihe sitzen. Beide haben CDs von einigen unserer Aufführungen zu Hause und hören sie ab und zu.

Bei manchen unserer Auftritte werden Aufnahmen gemacht, die dann bei den Vorstellungen im Foyer angeboten werden.Wir beginnen pünktlich mit dem Requiem. Ich bin sehr entspannt.

Während des zweiten Stücks, dem Kyrie, entsteht eine Unruhe in den vorderen Reihen des Publikums. Ich lasse weiter spielen, bis jemand ruft:

Wir brauchen einen Arzt!"

Ich breche mit dem Dirigieren ab, gehe von der Bühne zu dem Mann, der von zwei anderen Männern gehalten wird. Nun erkenne ich meinen Vater, er ist bleich im Gesicht.
„Papa" sage ich.
Er antwortet nicht. Ich denke an das Schlimmste, dass er einen Herzinfarkt hat. Es dauert nicht lange, dann kommen Sanitäter. Im Saal gibt es ein lauter werdendes Gemurmel. Mein Vater wird aus dem Saal hinaus getragen. Meine Mutter geht mit.

Was soll ich jetzt machen? Mit ins Krankenhaus fahren? Mir wird ganz warm. Nach einer kurzen Überlegung komme ich zu der Entscheidung, trotzdem weiter zu spielen und nach der Aufführung gleich ins Krankenhaus zu meinem Vater zu fahren. Ich betrete das Dirigentenpult, und im Saal wird es ruhig. Ein paar Sekunden stehe ich ruhig da, um dann das Kyrie von vorne zu beginnen.

Ich bin sehr gefasst und denke, ich spiele jetzt für meinen Vater und kämpfe mit den Tränen. Ich schwitze, was mir noch nie passiert ist. Vor dem Offertorium, dem 4. Stück, wische ich mir den Schweiß von der Stirn und bin weiter voll auf das Stück konzentriert. Am Schluss gibt es einen Riesenapplaus und Bravo-Rufe. Ich verbeuge mich mehrmals und verlasse dann die Bühne und den Saal, lasse mir ein Taxi rufen und fahre in das Krankenhaus, in dem ich meinen Vater vermute.

Dort angekommen, frage ich an der Pforte, ob Herr van Delft hier vor etwa einer Stunde eingeliefert wurde. Ja, er liegt in der Intensivstation.

„Was ist mit ihm?" will ich wissen.

„Das können wir noch nicht genau sagen. Sie können uns Ihre Telefonnummer geben, dann rufen wir Sie an, wenn wir genaueres wissen."

„Darf ich auch hier warten?"

„Ja, das können Sie. Dort ist die Cafeteria, wo Ihre Mutter sitzt. Dort können Sie warten."

„Hallo Mama, wie geht es dir?"

Sie schaut mich an.

„Na ja, ich mach mir sorgen um Rolf."

Ich umarme sie und sage, um überhaupt etwas zu sagen: „Es wird schon wieder. Er ist doch erst 65 Jahre."

Ich beschließe, einen Kaffee zu trinken und mir ein schönes Stück Käsekuchen zu gönnen und zusammen mit meiner Mutter zu warten, bis wir eine Diagnose von den Ärzten bekommen. Schließlich habe ich heute Abend einiges geleistet. Zu Hause könnte ich vor Sorgen doch nichts anfangen.

Nun kommen mir leise Zweifel, ob es richtig war, das Konzert zu Ende zu spielen, oder wäre es richtiger, meinen Vater ins Krankenhaus zu begleiten. Das Publikum hat mir eindeutig gezeigt, dass ich das Richtige gemacht habe. Langsam lässt meine Nervosität nach, ich stehe auf und schaue aus dem Fenster. Ich freue mich über das frische Grün, dass an den Bäumen sprießt und an den Osterglocken, die in dem beleuchteten Garten ihre Blühten nach oben strecken.

Nach einer gefühlten Stunde kommt ein Arzt zu uns und bringt eine gute Nachricht:

„Wir konnten Ihren Vater von der Intensivstation auf eine normale Station verlegen. Sie können jetzt zu ihm gehen. Er ist aber noch nicht so richtig ansprechbar."
„Mama, komm, wir gehen zu Papa."
Es ist ein Zwei-Bett-Zimmer. Sein Bett steht an der Fensterseite und ist mit dem Kopfteil hochgestellt. Wir nehmen uns Stühle und setzen uns zu ihm.
„Hallo Papa" sage ich.
Er lächelt ein wenig. Wir reichen uns die Hände. Meiner Mutter fließen die Tränen.
„Wir werden dir morgen ein paar Sachen bringen" sage ich.
Er nickt. Eine Weile bleiben wir noch und verabschieden uns dann. Meine Mutter umarmt ihn, wischt sich dann die Tränen ab und beim Rausgehen schaut er uns nach. Wir merken uns die Zimmernummer und ich bringe meine Mutter zu sich nach Hause.

Als wir ihr Haus betreten, kommt mir die Idee, dass meine Mutter vielleicht nicht so gut alleine sein kann in dieser Situation und frage sie, ob sie solange bei uns im Haus wohnen möchte, bis Rolf aus dem Krankenhaus entlassen ist. Chantal ist sicher damit einverstanden.
„Ja, mein Junge, das wäre gut. Was soll ich hier allein in dem Haus, da fällt mir die Decke auf den Kopf."
„Na schön, dann packe dir ein paar Sachen ein. Ich warte solange im Wohnzimmer."

Unser Haus ist eine große Villa. Es sind acht Zimmer. Wohnzimmer, Schlafzimmer, jeder hat ein Arbeitszimmer, zwei Kinderzimmer, ein Gästezimmer und ein Esszimmer. Als wir zu Hause ankommen, erkläre ich meiner Frau, warum ich meine Mutter mitgebracht habe. Sie und auch unsere Kinder wollen wissen, wie es ihm geht. Sie waren aufgeblieben, obwohl es mittlerweile schon ziemlich spät ist.

Ich erzähle:

„Meine Mutter und ich mussten eine Weile warten, bis wir zu ihm konnten. Er hat nicht gesprochen, hat aber angezeigt, dass er sich freut, wenn wir morgen zu ihm fahren und ihm ein paar Sachen bringen."

Am nächsten Morgen, kaufe ich zwei Tageszeitungen vor dem Frühstück. **Le Monde** und den **Figaro**.

Es ist Sonntag, der 3. März. Als ich ins Esszimmer komme, ist der Tisch schon mit vielen Köstlichkeiten gedeckt und er Kaffee ist auch schon fertig. Jetzt, wo meine Mutter mit am Tisch sitzt, ist die Stimmung eine etwas andere, sie ist gedämpfter. Wir reden auch über meinen Vater. Meine Mutter ist erstaunlicherweise sehr gefasst. Sie denkt positiv und denkt und wünscht sich, dass er bald aus dem Krankenhaus entlassen wird.

Nach dem Frühstück will ich sehen, wie man über das gestrige Ereignis schreibt. Meine Mutter will es auch wissen.

Ich lese aus dem Feuilleton des **Le Monde** vor:

„In der schönen Pariser Philharmonie wurde gestern Abend das Requiem von Mozart KV 626 gespielt. Der Dirigent Vincent van Delft war nicht nur als Musiker gefragt, sondern auch als Mensch, denn während des zweiten Stücks, dem Kyrie, ist sein Vater ohnmächtig geworden. Er musste von den Rettungskräften in ein Krankenhaus gebracht werden. Herr van Delft hat das Dirigieren unterbrochen und nach einer kurzen Besinnungszeit das zweite Stück noch einmal spielen lassen. Er war trotz des bedauerlichen Vorfalls sehr gefasst und hat das Stück bis zum Ende gut in der Hand gehabt. Das Publikum hat ihm am Ende des Stückes mit stürmischem Applaus und „Bravo-Rufen" zu verstehen ge-

geben, dass es richtig war, den Abend so zu beenden. Nach einer kurzen Verbeugung hat er die Bühne und den Saal verlassen. Es ist zu vermuten, dass er so schnell wie möglich seinen Vater im Krankenhaus besuchen wollte. An dieser Stelle schicke ich dem Herrn van Delft die besten Genesungswünsche."

„Sehr schön, was da steht. Ich finde auch, dass du es richtig gemacht hast, mein Junge."
Im **Figaro** steht eine ähnlich positive Kritik. Also war mein Verhalten gestern Abend doch so in Ordnung. Meine Frau lächelt mir wohlwollend zu.

Am Sonntag und am Montag war ich mit meiner Mutter bei meinem Vater im Krankenhaus. Er spricht schon wieder und sagt:
„In der Philharmonie ist mir beim II. Teil, dem Kyrie, plötzlich schwarz vor den Augen geworden. Von dem Zeitpunkt an weiß ich nichts mehr."

Ich bin so froh, dass er sich wieder mitteilen kann. Meine Mutter natürlich auch. Ich erzähle meinem Vater, was ich in der Zeitung über den Abend in der Philharmonie gelesen habe. Er sagt, er sei sehr stolz auf mich, und will wissen, was ich als nächstes zur Aufführung bringen werde.
„Wir werden morgen mit den Proben für *Die Schöpfung* von Haydn beginnen und es am Donnerstag in Amsterdam aufführen. Es ist ein Werk von zwei Stunden. Der Tenor-Solist ist wieder genesen und wird wieder singen."

Als das Mittagessen für meinen Vater ins Zimmer gebracht wird, verabschieden wir uns herzlich. Beim Verlassen des Zimmers sagt er:
„Viel Spaß und Erfolg bei deiner Arbeit, mein Junge."

Am darauffolgenden Dienstag haben wir unsere reguläre Probe. Wir beginnen am Anfang mit der **Vorstellung des Chaos**.
Der Tenor singt:

„Im Anfange schuf Gott Himmel und Erde; und die Erde war ohne Form und leer; und die Finsternis war auf der Tiefe."
Der Sopran beginnt:
„Und der Geist"
Jetzt der Solo-Tenor und alle Stimmen:
„Und der Geist Gottes schwebte auf der Fläche der Wasser, und Gott sprach, Es werde Licht, und es ward Licht."

Wir machen zwischen den drei Teilen jeweils eine Pause. Es klingt sehr gut. Alle sind zufrieden und brauchen nun eine Erholung in unserem Stammlokal. Ich verkünde, dass wir die Generalprobe am Donnerstag Vormittag in dem Concertgebouw in Amsterdam haben werden.

Bei der Generalprobe sind wieder einige Zuhörer in den ersten Reihen.

Das Orchester besteht aus zwei Flöten, zwei Oboen, zwei Klarinetten, zwei Fagotten, einem Contra-Fagott, zwei Hörnern, zwei Trompeten, drei Posaunen, Schlagzeug, zwei Violinen, einer Viola, einem Violoncello und einem Contra-Bass.

Auch wenn manche Dirigenten das Werk in einem Stück durchspielen, habe ich mich für eine Pause nach dem zweiten Teil entschieden. Etwas aufgeregt bin ich dennoch, denn die meisten Musik-Interessierten kennen die Schöpfung von ihren CDs, oder sonst woher.

Am Mittwochmittag, den 1. April kamen wir am Amsterdamer Bahnhof an. Am Nachmittag machten wir eine Grachten-Fahrt bei herrlichem Wetter. Diese schmalen Giebelfassaden mit ihren dunkelroten Ziegeln gefallen mir sehr. Mein Vater erklärte mir, warum die Holländer keine Gardinen vor den Fenstern haben: weil die Grundsteuer nach der Gardinenlänge berechnet wird. Stattdessen hängen sie einige Blumentöpfe mit verschiedenen Pflanzen von innen an die Fenster.

# 3 Aufführung in dem Concertgebouw in Amsterdam am Donnerstag, den 2. April

## *Joseph Haydn, Die Schöpfung*

Es ist der zweitbeste Konzertsaal der Welt.

Das Betreten der Bühne ist für uns schon zu einer Routine geworden. Die Vorschusslorbeeren in Form von Applaus tun immer gut. Langsam kommt das Publikum zur Ruhe und das Orchester spielt das Largo. Dann folgt das Recitativo mit allen Gesangsstimmen und der Solo-Sopranistin. Alles läuft wie am Schnürchen. Und ich sehne mir die Pause herbei. Endlich ist es so weit.

Der Applaus hält sich in Grenzen, was mich nicht sonderlich wundert, bei den vielen Wiederholungen. In der Pause trinke ich wie gewohnt meinen Orangensaft und erhole mich dabei. Der dritte Teil ist nicht so lang und beginnt auch mit einem Largo. Im Adagio singt der gesamte Chor:

„Gesegnet sei des Herren Werk!
Gesegnet sei des Herren Macht.
Sein Lob erschall in Ewigkeit!
Sein Lob
erschall in Ewigkeit
Sein Lob erschall in Ewigkeit
Sein Lob
erschall
erschall in Ewigkeit
in Ewigkeit
in Ewigkeit."

Dieses Werk besteht nun einmal aus vielen Wiederholungen, und davon lebt es auch. Am Ende wird

„Des Herren Ruhm, er bleibt in Ewigkeit"

acht Mal in Varianten gesungen und mit dem

„Amen, amen" abgeschlossen.

Ich bin froh, als der letzte Ton verhallt ist. Nach einer Weile gibt es einen zarten Applaus. Ich finde das ungerecht. Was kann ich dafür, dass Haydn solch ein Werk komponiert hat. Meine Gedanken lasse ich mir nicht anmerken. In unserem Pausenraum beginnt ein unzufriedenes Gerede über so wenig Applaus.

„Leute, lasst euch nicht davon herunterziehen. Ihr habt alle gut gespielt und gesungen. Wir werden es nicht mehr aufführen. Unsere nächste Station ist die Berliner Philharmonie, wo wir das Requiem von Cherubini zum besten geben werden. Ihr wisst, das ist viel lebhafter und macht viel mehr Spaß. Ich wünsche euch einen schönen Feierabend."

Beim Hinausgehen höre ich ein Gemurmel, gehe weiter und denke auf dem Nachhauseweg, was die wohl nicht gut gefunden haben. Bei der nächsten Probe, will ich es erfahren. Am nächsten Morgen nach dem Frühstück schreibe ich meiner Frau:

„Amsterdam, den 3. April 2019. Liebe Chantal, wie geht es dir, und wie geht es meinem Vater? Durfte er das Krankenhaus schon verlassen?
 Nach der gestrigen Aufführung haben wir wenig Applaus bekommen. Schade, denn wir haben sehr gut gespielt und gesungen. Es ist halt ein Stück, das nicht jedem liegt. Entsprechend ist die Kritik im Feuilleton ausgefallen. Ich lasse mir dadurch nicht die gute Laune verderben.
 Das einzige, was mir fehlt, bist du. Was macht unser Sohn Daniel? Schwärmt er immer noch von seiner neuen Freundin?
 Ich bin jetzt dabei, mich auf das Requiem von Cherubini einzustimmen und höre ab und zu eine Aufnahme aus dem Jahr 2008. Sei lieb gegrüßt, bis bald, dein Vincent."

Ich mache einen kleinen Spaziergang und werfe den Brief in den Briefkasten. Sechs Tage später, am 9. April, bekomme ich einen Brief von meiner Frau.

„Lieber Vincent, wenn du diesen Brief bekommst, werdet ihr eure Aufführung in der Berliner Philharmonie schon hinter euch haben. Deinem Vater geht es schon wieder gut. Am 5. April wurde er entlassen. Er soll nur aufpassen, dass er nicht so aufregende Sachen macht, und er muss täglich ein Medikament nehmen. Es war ein leichter Herzinfarkt.

Daniel ist noch immer in seine Frederike verliebt und schwebt weiter auf Wolke sieben. Ich denke oft an Dich und lese viel in meinem Roman. Sei lieb gegrüßt mit einer zarten Umarmung. Deine Chantal."

In der folgenden Nacht hatte ich einen merkwürdigen Traum: Ich ging abends an der Seine spazieren. Mit einem mal fing es an zu regnen. Ich hatte keinen Regenschirm dabei und wurde nass, hatte nur ein Hemd an. Es machte mir nicht aus, ich war gut gelaunt und sang das Requiem. Ein Ehepaar begegnete mir und sie sagte zu dem Mann: „Schau mal, ist das nicht komisch? Der muss doch verrückt sein." Ich ging weiter und dachte, manche haben eben keine Ahnung von Musik.

Als ich wach wurde und mir der Traum einfiel, kam es mir selbst etwas seltsam vor, und ich fragte mich, bin ich nun vielleicht verrückt geworden. Ach nein, ich bin eben ein Künstler und als Künstler muss ich mich nicht so spießig verhalten, wie die meisten Menschen.

# 4 Aufführung in der Berliner Philharmonie am Dienstag, den 14. April; Requiem in C von Cherubini

Zwischen unserer Generalprobe und der Aufführung bat ich den gesamten Chor und das Orchester, mit mir einen Spaziergang durch den Tiergarten zu machen. Ich dachte mir, es könnte zur Entspannung beitragen. Die meisten waren begeistert, nur ein paar Wenige hatten nicht die rechte Lust dazu, sind aber dennoch mitgekommen. Die Sonne schien zwischen den Bäumen, die ihre zarten Zweige in die Luft streckten.

Da ich so eng mit den Sängern und Musikern zusammen arbeite, interessiert mich auch ihr Privatleben. So ein Spaziergang eignet sich sehr gut dazu.

In der Berliner Philharmonie habe ich immer gerne dirigiert. Der Saal ist angenehm gestaltet, das löst eine feierliche Stimmung in mir aus. Die Akustik ist hier sehr gut. Dieses Requiem liegt mir sehr am Herzen. Ich höre es gerne, weil es schon mit einem heftigen großen Gong aus Bronze in unbestimmter Tonhöhe anfängt. Ich freue mich schon darauf, es mitzusingen:

„Re qui em ae ter nam do na e is Do mi ne et lux per pe tu a"

Wir betreten die Bühne und werden vom Publikum herzlich empfangen. Ich stehe auf dem Dirigentenpodium und schließe die Augen. Auf mein Zeichen leitet der Trommler das Stück ein, dann die Streicher. Es ist ein wehmütiges Dahinstreichen, als wenn die Noten im Gleichschritt dem Friedhof entgegen gehen. Auf den Häuptern werden schwarze Zylinder getragen. Ich sehe sie förmlich vor mir. Es ist ein herrliches Gefühl, ich schwelge in der Musik und vergesse das Publikum, bin ganz bei mir.

„Quam o lim A bra hae pro mi si sti, et se mi ni e jus. Et se mi ni e jus.

Ho sti as et pre ces pre ces ti bi Do mi ne lau dis of fe ri mus tu su sci pe."

„pro a ni ma bus il lis qua rum ho di e me mo ri am me mo ri am fa ci e mus."

Ich schwinge den Taktstock und schwinge selbst auch. Da ich das Stück auswendig kann, kommen mir Gedanken und Bilder: Die Noten/Männer mit den schwarzen Zylindern tragen einen Sarg, nein, mehrere Särge. Liegt da überhaupt jemand drin? Was für eine Vorstellung? Was ist mit meinem Vater? Er ist 1939 geboren, bei Ausbruch des 2. Weltkrieges. Was hat er als kleiner Junge erlebt? Als ich klein war, hat er nicht davon erzählt. Erst als ich achtzehn war, fing er an, mir von seinen Erinnerungen zu berichten:

„Als die Sirenen nachts wieder einmal heulten, ich war etwa vier Jahre, weckte meine Mutter mich und wir mussten schnell in den Luftschutzbunker. Ich konnte mir gerade noch schnell meine Socken anziehen. Unten im Keller war es dunkel. Jemand hatte eine Kerze. Ich sah auch andere Erwachsene und auch Kinder. Ich hatte Angst. Meine Mutter nahm mich in den Arm und sagte: Hier sind wir sicher, Du brauchst keine Angst zu haben. Das beruhigte mich ein wenig. Diese Nächte mit dem Flugalarm gab es öfter. Wenn ich später nach dem Krieg das Martinshorn einer Feuerwehr hörte, bekam ich sofort panische Angst, zuckte zusammen und dachte, ich muss in den Luftschutzbunker. Heute ist es nicht mehr ganz so schlimm, aber es ist immer noch da."

Nach diesen Erzählungen habe ich verstanden, warum mein Vater manchmal so streng mit mir war. Mir wurde bewusst, dass ich ein Nachkriegskind bin, und fing nun an, mich mit diesem Thema zu beschäftigen. Ich las ein Buch. Das erste Kapitel hatte die Überschrift:

„Der Krieg war aus und überall"

Es war sehr aufschlussreich. Als ich das zu Ende gelesen hatte stieß ich auf „Die vergessene Generation." Auch das war so interessant, dass ich es bald ausgelesen hatte. Und diese Kinder auf den Titelseiten haben mich berührt.

Das Stück neigt sich dem Ende zu:

„et lux per pe tu a lu ce at e is."

*Ruhe.*
Was ist jetzt Realität und was ist Wirklichkeit? Real ist, dass ich hier in der Philharmonie dirigiert habe und das Stück zu Ende ist. Die Wirklichkeit ist, dass ich einen Vater habe, der ein Kriegstrauma hat.

Ich wende mich dem Publikum zu und verneige mich. Langsam beginnt der Applaus und wird immer stärker. Die Solisten, die Sänger und das gesamte Orchester verbeugen sich. Das gesamte Publikum steht von ihren Sitzen auf und bedankt sich bei uns für unseren Einsatz. So etwas habe ich in meiner ganzen Kariere noch nicht erlebt. Blumen werden gereicht. Ich winke dem Publikum zu. Nach einiger Zeit wird der Applaus schwächer. Wir gehen in unseren Künstler-Pausenraum. Alle sind begeistert und haben ein Lächeln im Gesicht.

„Vielen Dank, ihr ward alle großartig. Jetzt feiert den Erfolg mit euren Familien und Freunden."

Ich fahre mit meiner Tochter nach Hause. Dort werden wir herzlich empfangen. Nun muss ich noch eines tun: die Hochzeitsfotos von meinen Eltern in meinem Arbeitszimmer aufhängen. Ich will nun bewusster leben mit dem Gedanken, woher ich komme, wie ich geprägt wurde und wer ich bin.

Am nächsten Tag lese ich im Feuilleton des Berliner Tagesspiegel:
„Gestern Abend haben Sie etwas Besonderes versäumt, wenn Sie nicht in der Philharmonie waren. Von Luigi Cherubini wur-

de das Requiem in c für Chor und Orchester gespielt. Dirigent war Vincent van Delft. Er hat es vermocht, diesen facettenreichen Trauermarsch in seiner Vollendung in den Saal zu zaubern. Alles im Raum war Musik. Der Dirigent bewegte sich wie im Rausch. Er schwebte förmlich darin. Selten habe ich eine so abwechslungsreiche Musik gehört. Das Publikum ist am Schluss aufgestanden und hat minutenlang applaudiert."

Am nächsten Morgen schreibe ich meiner Chantal einen Brief. Sie soll wissen, wie groß mein Erfolg, unser Erfolg, in der Berliner Philharmonie war.

*So langsam fällt Stress von mir ab, wie Tropfen von einem Eiszapfen, wenn er in der Sonne hängt. Jetzt habe ich Zeit zum Nachdenken. Warum habe ich manchmal Lampenfieber? Und warum gleite ich mit meinen Gedanken beim Dirigieren ins Abseitige? Hat das vielleicht etwas damit zu tun, dass mein Vater seine noch nicht verarbeiteten Kriegserlebnisse an mich weitergegeben, also vererbt hat? Was für ein Gedanke. Ich lasse ihn wieder los und behalte ihn für mich.*

Wir fahren nach Warschau. Am Sonntag, den 12. April kommen wir dort an. Das Wetter ist etwas frisch, sodass man einen Sommermantel braucht.

Zu Hause habe ich mir Notizen für kleine Ausflüge in der Stadt gemacht. Da ist der Wilanow Palast in barockem, im Rokoko und im klassizistischen Stil. Der Königstrakt, der Lazienki Park, die Altstadt, der Schlossplatz, das POLIN (Museum der Geschichte der polnischen Juden) und das Kopernikus Wissenschaftszentrum an der Weichsel.

Ich frage in die versammelte Runde, was wir uns ansehen wollen, denn ich will nicht immer derjenige sein, der bestimmt was wir uns ansehen. Wir einigen uns auf die Altstadt und das POLIN-Museum. Nach dem Mittagessen brechen wir auf. Ich habe zwei Busse bestellen lassen. Die Altstadt ist wunderschön. Es gibt so vieles zu sehen. Ich mache ein paar Fotos. Auf einigen ist meine Tochter im Vordergrund. Im Museum der Geschichte der polnischen Juden herrscht ein beredtes Schweigen. Kein Wunder, bei der Geschichte im letzten Jahrhundert.

Für den Donnerstag beraume ich eine außerplanmäßige Chorprobe an. Die Solisten kommen am Samstag dazu. Die Suite von Edvard Grieg brauchen wir nicht zu proben. Die beherrschen wir aus dem Effeff.

Bevor wir mit dem Einsingen beginnen, möchten einige über unseren Erfolg in der Philharmonie sprechen. O.k. ich bin einverstanden. Warum waren wir so gut? wird immer wieder gefragt. Nun habe ich das Gefühl, etwas sagen zu müssen.

„Hört mal her. Es ist so. Dieses Requiem von Cherubini liegt mir am Herzen, wie kein anderes. Ich bin so in der Musik aufgegangen, dass ich den Trauermarsch während des Dirigierens vor Augen hatte. Ich war so beflügelt, dass ich mich mit dem Stück eins fühlte. Meine Stimmung muss sich dann auf euch übertragen haben. Das ist meine Erklärung für unseren Erfolg."

Meine Erklärung wurde so hingenommen, und wir konnten mit dem Einsingen beginnen. Heute begannen wir es mit einer kurzen Lockerungsübung. Das Singen war reine Routine. Nach der Probe trafen wir uns in einem Clubraum des Hotels. Einige beschweren sich über die zu harten Betten.

„Meine lieben Leute, das finde ich bedauerlich. Auch mein Bett ist mir zu hart. Aber so etwas kann man nicht im Voraus wissen. Macht das beste draus und trinkt noch einen."

Wir sangen noch ein geselliges Abendlied und gingen in unsere Zimmer.

Beim Frühstück meinten einige, sie hätten trotz der harten Matratze gut geschlafen, weil sie einen entsprechenden Alkoholpegel hatten. Alle hatten wieder eine kräftige Stimme.

Die Generalprobe haben wir einen Tag vor der Aufführung in dem großen Saal. Es klappt alles wunderbar.

# 5 Aufführung in der Sala Koncertowa in Warschau am Dienstag, den 14. April;

## Grieg, Beethoven, Messe in C

Wir betreten den Saal. Er ist voll besetzt. Der Willkommensapplaus legt sich und ich konzentriere mich auf das Werk von Edvardt Grieg. Meine Gedanken gehen zu der Aufführung in der Mailänder Scala. Das war ja ein schöner Erfolg. Nun hole ich mich zurück in die Gegenwart und beginne. Alles läuft gut. Ich bin zufrieden. In meinem Herzen geht die Sonne auf. Ich bekomme Gänsehaut.

Ist das wunderbar … Nichts ist wichtiger als dieser Moment.

Das Stück ist zu Ende, ein Applaus brandet auf. Mir kommen Tränen der Rührung. Ich verbeuge mich und lasse den Chor und das Orchester aufstehen.

*Pause.*

Ich muss mich innerlich auf die Messe in C-Dur von Beethoven einstellen. Sie hat eine ganz andere Stimmung. Die Aufführungsdauer beträgt etwa 35 Minuten. Es gelingt mir, das Orchester und den Chor zur Höchstleistung zu bringen. Wir sind beim letzten Teil:

„A gnus De i qui tol lis, qui tol lis pec ca ta mun di do na no bis pa cem, pa cem, pa cem!"

Wir haben es geschafft und ich spüre nach einigen Augenblicken, dass wir die Herzen des Warschauer Publikums berühren konnten. Der Applaus hält eine Weile an.

Nach dem Verlassen der Bühne gehe ich mit meiner Tochter Petra und Bernhard zum Essen in ein Lokal. Nach dem Bestellen schalte ich mein Handy an und rufe meine Frau an:
„Hallo mein Schatz, wie war's?"
Es ist wieder einmal gut gelungen. Das Publikum war sehr zufrieden. Ich sitze mit Petra und Bernhard in einem Lokal, in dem wir gerade auf unser Essen warten. Wie geht es dir?"
„Sehr gut. Wann fahrt ihr nach Riga?"
„Morgen früh, nach dem Frühstück. Mach's gut und schöne Grüße von Petra und Bernhard. Ich liebe dich."
„Ich dich auch."

Das Essen wurde gereicht. Es war köstlich. Wir haben es genossen, und jeder musste noch seine Eindrücke von dem eben Erlebten mitteilen.
„Papa, bei der *Morgenstunde* warst du besonders gut. Ich habe gemerkt, wie berührt du warst."
„Ja, mein Kind, das hast du gut bemerkt."

Ich habe die Bezahlung übernommen und wir gingen danach in unser Hotel.
„Gute Nacht, ihr beiden."
„Gute Nacht, Papa."

Ich habe sehr gut geschlafen und geträumt, dass ich eine Goldmedaille um den Hals bekommen habe.

*Mittwoch, der 15. April.*

Das Frühstück in Warschau ist anders als in Berlin und auch anders als in Frankreich, aber es schmeckt mir, obwohl es keine Croissants gibt. Dafür gibt es reichlich Müsli und dunkles Brot mit allerlei Aufschnitt.

Nun ist es Zeit, die Koffer zu packen und zum Bahnhof zu fahren. Den Transport der Instrumente übernimmt eine Spezialfirma. Während der Zugfahrt schaue ich aus dem Fenster und erhole mich. Es waren so viele Eindrücke in letzter Zeit.

Nach acht Stunden Fahrt mit zweimaligem Umsteigen kommen wir endlich in Riga an. Es ist schon dunkel.

*Donnerstag, 16. April.*

Jeder muss sich erst einmal in seinem Hotelzimmer einquartieren. Beim Frühstück wird sehr viel geredet, über alles Mögliche: über die Betten-Qualität, und darüber, was wir heute unternehmen wollen. Ich habe natürlich einiges vorbereitet und verkünde es nach dem Frühstück. Gleich werden wir den Riga Town Hall Square besichtigen. Nach dem Mittagessen mit anschließender Ruhepause fahren wir zum Panorama Riga Observation Deck und lassen uns in den 17. Stock befördern, von dem aus man einen herrlichen Blick über die Stadt hat. Natürlich können nicht alle gleichzeitig auf den Turm. Wir werden uns disziplinieren müssen.

Am Donnerstagnachmittag werden wir das Requiem in der Großen Gilde proben. Der Saal ist nicht groß, das ist mir egal. Wir wollen wieder unser Bestes geben und so ist unsere Probe auch schon entsprechend gut. Am Freitag haben wir die Generalprobe. Wir wollen beginnen. Dann ruft jemand:

„Der Felix ist nicht da."

Es ist ein Bass-Sänger.

„Das geht nicht, warum ist er nicht da?" frage ich.

„Das geht nicht, ist gut. Er ist nun mal nicht da."

„Vielleicht ist er von dem Nachmittags-Ausflug nicht zurückgekehrt" meint jemand.

„Wir verschieben die Generalprobe und machen sie erst, wenn wir ihn gefunden haben." sage ich. Also machen wir uns auf den Weg zurück ins Hotel. Dort gehe ich gleich zum Portier und erzähle ihm, was mein Anliegen ist. Der kann mir nicht weiter helfen, verspricht mir aber, mich anzurufen, wenn ein Felix bei ihm auftaucht. Eine Stunde später, ich bin in meinem Hotelzimmer, erhalte ich einen Anruf vom Portier.

„Felix ist aufgetaucht. Er wartet hier auf Sie."

„Danke" sage ich und gehe zum Empfang. Dort steht er.

„Felix, was ist passiert?"

„Als wir von dem Panorama-Turm herunter kamen, habe ich den Anschluss an die Gruppe verloren. Ich hatte keinen Stadtplan dabei und bin zur nächsten Polizeistation gegangen, habe mich mit Händen und Mimik verständlich gemach und habe einen Plan bekommen. Mit dem war es einfach, das Hotel zu finden."

„O.k. Dann ist ja alles wieder gut. Wir werden die Generalprobe morgen Nachmittag machen."

Die Generalprobe verläuft zu aller Zufriedenheit.

# 6 Aufführung in der Großen Gilde in Riga am 19. April, Mozart, Requiem

Wir betreten nacheinander die Bühne. Der Saal ist bis auf den letzten Platz besetzt. Ich gehe zum Dirigentenpult und merke, dass der Applaus mir gut tut. Jetzt denke ich an unsere Aufführung des Requiems in der Pariser Philharmonie, als mein Vater während des zweiten Stückes ohnmächtig wurde und ins Krankenhaus musste. Nun sind wir aber nicht in der Pariser Philharmonie, sondern in der Großen Gilde in Riga. Um in der Gegenwart zu sein, werde ich mitsingen und hebe den Taktstock:

„Re qui em ae ter nam, ae ter nam, do na e is, do na, do na e is Do mine,"

Ich singe mit, singe laut, dann sehr laut. Es ist eine Freude. Doch das ganze Werk kann ich nicht so laut singen.

Von den Sängern erwartet man, dass keiner so laut singt, dass man ihn heraus hört. Als ich das denke, wird mir bewusst, dass ich gerade eine Grenze überschritten habe, und singe leiser mit. Das Stück zieht sich in die Länge. Meine Kräfte schwinden dahin und ich bin froh, als wir mit dem Adagio fertig sind. Es ist geschafft.

„Wird es nun einen Applaus geben?" frage ich mich. Ja, ein verhaltener Beifall beginnt. Ich bin erleichtert, verbeuge mich und gehe von der Bühne und betrete sie erneut. Ich bin froh, dass das Publikum so gnädig ist und mich nicht auspfeift.

„Wie konnte ich nur …, es ist halt passiert. Vincent, schau nach vorne," sage ich mir.

Blumen gibt es trotzdem. In unserem Künstlerraum beginnt ein Gespräch über meinen Fehltritt.

„Vincent, warum hast du das gemacht? Wolltest du uns übertönen?" fragte eine Sängerin.

„Ich wollte einfach nicht an die Situation in der Pariser Philharmonie denken, als mein Vater zusammen brach."

„Das kann ich verstehen" sagte Felix.
So ein Verständnis tut mir gut.
„Petra, und Bernhard, wollen wir zusammen Essen gehen?"
„Ja, Papa."
Wir finden ein französisches Lokal, setzen uns an einen Tisch, der am Fenster steht. Die Speisekarten sind nicht in unserer Sprache, also lassen wir uns die Gerichte vom Kellner erklären, der ein wenig Französisch spricht. Das dauert eine Weile. Schließlich hat jeder eine Wahl getroffen.

„Ich will jetzt nicht über unseren Auftritt reden. Das können wir später machen. Petra, wie geht es Dir mit der Schwangerschaft? Wir haben ja schon über eine Woche nicht über unser Privatleben gesprochen." „Mir geht es blendend. Bernhard und ich freuen uns sehr und wir fragen uns, ob es wohl ein Junge, oder ein Mädchen wird."
„Willst Du meine Meinung hören?"
„Ja, das möchte ich."
Jetzt bringt der Ober einen kleinen Salat und einen Korb mit Brot als Vorspeise.
„Guten Appetit" sagt er und geht.
„Ich finde es egal, welches Geschlecht das Neugeborene hat. Die Hauptsache ist, dass es gesund ist. Bei dir und Daniel wussten wir bis zur Geburt nicht, ob wir einen Jungen oder ein Mädchen bekommen. Der Frauenarzt hat es gewusst, aber wir wollten es nicht wissen. Wir haben für jede Möglichkeit einen Namen gehabt."
Petra und Bernhard lächeln sich an und Petra sagt:
„Es ist mir auch egal."
Bernhard stimmt ihr zu. Das Essen kommt.
„Guten Appetit" sagen wir drei, wie aus einem Mund und beginnen zu essen. Es schmeckt wunderbar. Nebenbei gibt einer nach dem anderen einen Jungen und ein einen Mädchennamen zum Besten.

Ich bezahle mal wieder die Rechnung. Der Weg zum Hotel ist nicht weit. Den gehen wir mit beschwingten Schritten.

Ich schlafe wunderbar und träume, dass ich als Solosänger in der Pariser Philharmonie aufgetreten bin und einen frenetischen Applaus erhalten habe. Beim Aufwachen muss ich darüber lächeln. Nach dem köstlichen Frühstück frage ich, ob jemand die lettische Sprache beherrscht.

„Ich kann lettisch," sagt Eva. Daraufhin kaufe ich eine Zeitung im Hotel und bitte Eva, im Feuilleton nachzusehen, ob etwas über unsere Aufführung berichtet wird. Sie blättert alles in Ruhe durch.

„Da steht nichts über unseren gestrigen Abend."

„Danke" sage ich und denke, das ist auch besser so, denn sonst würde man mich in der Luft zerreißen.

Bei dem herrlichen Wetter mache ich einen Spaziergang allein in den nahe gelegenen Park und lasse meine Gedanken unzensiert ziehen wie Federwolken am azurblauen Himmel. Es tut so gut, auch mal ganz allein zu sein. Ich gehe zurück ins Hotel. Wir müssen unsere Sachen packen. In einer Woche sind wir in Moskau, wo ich noch nie war.

Wenn ich „Moskau" höre, muss ich an den Film „Dr. Schiwago" denken, mit der berührenden Filmmusik, den ich mit 18 Jahren in einem Kino in unserer Kleinstadt gesehen habe. In ein paar Stunden müssen wir am Bahnhof sein. Beim Kofferpacken überlege ich: Nach Moskau ist es etwa so weit wie von Paris nach Berlin. Also eine Tagesreise. Ich könnte während der Zugreise mit meiner Frau telefonieren. Es klopft an der Tür. Es ist Zeit, zu gehen. Ich verlasse das Zimmer und trage mich noch in das Gästebuch ein. Auf geht's.

Im Zug sitze ich im Großraum und lese etwas über das fantastische Gebäude der Sarjade in Moskau. Entworfen hat sie der Architekt Alexander Nikanorowitsch Pomeranzew. Er ist 1848 in

Moskau geboren und ist im Oktober 1918 in Petrograd gestorben. Seine Spuren hat er in verschiedenen Städten hinterlassen. Ich freue mich auf Moskau. In diesem wunderschönen Saal das Werk von Cherubini zu spielen, wird bestimmt schön. Ich nicke ein wenig ein.

Spät abends kommen wir in Moskau an. Unser Hotel ist in der Nähe des Bahnhofs. Alle haben ihre Hotelzimmer gefunden gut geschlafen. Nach dem Frühstück richte ich meine Worte an die ganze Truppe:

„Folgendes habe ich als Ausflugsziele herausgepickt aus dem großen Angebot, das Moskau zu bieten hat. Am Vormittag werden wir zum Erlöser-Turm des Moskauer Kremls fahren. Anschließend, oder am Nachmittag können wir den Glockenturm „Iwan der Große" im Kreml besichtigen. Wir wollen uns nicht überfordern, sondern es soll allen Spaß machen. Und dass mir keiner verloren geht."

Ein leises Gemurmel und Gelächter kommt zu mir herüber.

„Am Dienstag hat jeder seine eigne Zeit zur Verfügung. Bis auf den Abend. Da haben wir eine Probe. Am Donnerstag habe ich hier den Roten Platz auf meinem Zettel stehen. Ich habe nicht jeden Tag verplant, so dass auch Zeit für Unvorhergesehenes bleibt. Dann ist noch die Christ-Erlöser-Kathedrale ein sehenswertes Juwel. Wann und wo unsere Generalprobe sein wird, weiß ich noch nicht."

# 7 Aufführung in der modernen Sarjade in Moskau am 26. April; Cherubini, Requiem in C

Einen Tag vor der Aufführung zeige ich allen den schönen Saal, damit jeder eine Vorstellung davon hat, wo unsere Aufführung sein wird. Ich beschließe, die Generalprobe am Sonntagvormittag in der Sarjade durchzuführen. Einige Touristen hören uns dabei zu und spenden Beifall nach dem gelungenen Tun.

Zum Mittagessen gibt es eine meiner Lieblingsspeisen: Spargel mit Kartoffeln und gekochtem Schinken, dazu zerlassene Butter. Ist das ein Genus. Der Nachmittag ist zur freien Verfügung.

Bevor wir am Abend die Bühne betreten, bitte ich alle um Ruhe und spreche ein kurzes Gebet. Nun gehen wir hinein in den schönen, großen Saal. Jeder nimmt seinen Platz ein. Ich schaue ins Publikum, in jede Richtung. Heute ist die letzte Aufführung unserer Tournee. Ich bin gelassen, schaue ins Orchester und beginne: Ein Trommelwirbel,

„Re qui em ae ter nam"

Ich nehme alles wahr, auch dass jemand im Publikum niesen muss. Das interessiert mich nicht. Ich lasse das Stück so spielen, wie wir es in der Berliner Philharmonie getan haben. Alles ist prima. Mir läuft ein angenehmer Schauer den Rücken herunter, den ich genieße.

„Lu ce at e is."

Aus, das Stück ist zu Ende. Ich bitte das Orchester und den Chor, aufzustehen. Wir verneigen uns gemeinsam und werden mit viel Beifall bedacht, der lange anhält. Ich verlasse die Bühne, um einen Schluck Wasser zu trinken, betrete die Bühne wieder und werde von einer Frau umarmt, die mir Blumen überreicht. Das

tut gut. Wir genießen den Beifall. Ich halte den großen Blumenstrauß in die Höhe. Langsam wird es ruhiger im Saal. Die ersten Besucher gehen. Im Künstlerraum frage ich:
„Gibt es jemanden, der unzufrieden ist?"
Keiner sagt etwas. Sie klatschen in die Hände.
„Danke" sage ich.

Wir fahren ins Hotel und feiern in Ruhe unseren gelungenen Auftritt. In der Nacht schlafe ich sehr gut. Am nächsten Morgen gehe in den Frühstücksraum und setze mich neben meine Tochter.
„Wie hast du geschlafen?" frage ich.
„Sehr gut. Es ist alles Prima. Manchmal spüre ich schon kleine Bewegungen in meinem Bauch."
„Das hört sich sehr gut an."
Nach dem Frühstück müssen wir packen. Ich mache mir noch ein paar belegte Brötchen für die lange Reise. Wir müssen drei Tage mit dem Zug fahren und ein paar Mal umsteigen.

Beim Aufenthalt in Berlin rufe ich meine Frau an.
„Hallo, mein Liebster, endlich höre ich mal wieder etwas von dir. Das ist schön. Wie war euer letzter Auftritt?"
„Sehr gut, wirklich. In zwei Tagen bin ich zu Hause. Ich freue mich schon darauf, dich in meine Arme zu schließen."
„Sehr schön. Nach einer Ausruhzeit sollten wir eine Feier mit unseren Freunden machen. Was meinst du?"
„Ja, das ist eine gute Idee."
„Wo müsst ihr als nächstes umsteigen?"
„In Frankfurt."
„Dann wünsche ich dir und den anderen eine gute Fahrt."
„Danke."

Gleich fährt der Zug los. Wir müssen einsteigen. Ich habe einen Fensterplatz, schaue hinaus und lasse meine Gedanken und Erinnerungen ziehen. Die Umsteigerei mag ich gar nicht. Immer die Bahnsteigsuche und das Koffer schleppen. Was soll's, das müssen alle. Schließlich wollen wir nach Hause. In meiner Stimmung ist Musik, ein Saxophon und Querflöten.

Endlich kommen wir in Paris am Gare de Este an. Es ist später Nachmittag. Der Zug hält. Wir steigen aus. Ich habe es nicht eilig, lasse andere vor, denn ich weiß, dass Chantal auf dem Bahnsteig auf mich wartet. Genau so ist es. Ist das schön. Sie kommt auf mich zu und schaut mich an. Ich lasse meinen Koffer stehen und wir umarmen uns, ganz lange.

„Komm" sagt sie, „ich muss Petra und Bernhard noch begrüßen".
„Mama, ich werde bei Bernhard übernachten und komme morgen zu euch."
Wir fahren nach Hause. Meinen Koffer auszupacken habe ich noch keine Lust. Chantal macht einen starken Kaffee für uns. Dazu gibt es ein warmes Croissant. Ist das lecker. Uns zieht es beide ins Schlafzimmer. Fünf Wochen haben wir uns nicht gesehen. Nun haben wir Zeit, uns zu genießen.

Am nächsten Vormittag nach dem Frühstück packe ich meinen Koffer aus. Chantal will Fotos sehen, die ich während der Tournee gemacht habe. Es sind so viele, dass wir ein paar Stunden damit verbringen.
„Vincent, wollen wir anfangen, eine Gästeliste für eine Feier in unserem Haus zu schreiben?"
„Ja, können wir machen. Dann kann ich auch meine Fotos zeigen."
Wir fangen an. Jedem fallen einige Freunde und Verwandte ein. Chantal meint:
„Es sollen aber nicht mehr als zwanzig Personen werden. Wie wäre Samstag, der 9. Mai? Vielleicht können wir dann auf die Terrasse und in den Garten gehen?"
„Draußen im Garten, das ist eine gute Idee. Mit Fackeln und Lampions und einem Grill, den Bernhard bedienen kann."
„Und Musik zum Tanzen."
„Tanzen auf dem Rasen?"

„Nein, nicht auf dem Rasen. Auf der Terrasse."
„O. k. Suchst Du die Musik aus? Ach nein, ich habe eine bessere Idee. Aus meinem Orchester sollen ein paar Musiker spielen. Ein Saxophonist, ein Geiger und ein Schlagzeuger. Ja. Das ist wunderbar."
„Gut, dann hätten wir das auch schon."
Ich meine: „Meine Eltern sollten wir auf jeden Fall einladen."
„Ja, und meine auch."
„Deine natürlich auch."
Nun ist es schon spät und Zeit, ins Bett zu gehen.

Am kommenden Dienstag beginne ich wieder mit den regulären Proben. Ich lasse es langsam angehen. Wir reden darüber, was wir als nächstes einüben wollen. Wir einigen uns auf das, was ich vorschlage. Die Messe in C-Moll von Robert Schumann. Die Begeisterung ist nicht sehr groß, aber alle fügen sich.
„Das müssen wir dann auch zur Aufführung bringen," sage ich.
„Na klar" ist die einhellige Meinung.

Das finde ich schön an unserem Chor, dass wir uns so schnell einig werden. Wir gehen nach unserem gemütlichen Teil auseinander und haben wieder ein Ziel. Auf dem Nachhauseweg überlege ich, wo wir es aufführen sollen. Vielleicht mal in einer Kirche. Gleich fällt mir **Sacré Cœur** ein. Ja, warum nicht, denke ich. Zu Hause angekommen, erzähle ich Chantal von der Idee.
„Vincent, das wäre fantastisch. Frage mal nach, ob das überhaupt möglich ist, weil es doch eine Wallfahrtskirche ist."
„Das werde ich in den nächsten Tagen machen."
Gesagt, getan. In drei Tagen fahre ich hin und bekomme die Erlaubnis für einen Auftritt. Am nächsten Probenabend erzähle ich es und alle sind Feuer und Flamme. Daraufhin haben wir noch mehr Lust, die Messe gut zu singen.

# Die Gartenfeier

Das geplante Fest nähert sich. Die meisten Eingeladenen haben zugesagt. Wir müssen einkaufen. Holzkohle für den Grill, Fackeln, Lampions, Getränke, Würstchen, Schnitzel, Salat und einiges mehr. Petra schreibt eine Einkaufsliste. Unser Auto ist groß genug für all die Sachen. Einen Tag vor dem Fest müssen Vorbereitungen im Garten und auf der Terrasse erfolgen. Der Rasen muss nicht gemäht werden, weil er noch kurz genug ist. Ich frage Petra, ob sie mir beim Aufhängen der Girlanden hilft und sage ihr:

„Du brauchst nicht auf die Leiter zu steigen, das wäre zu gefährlich."

Sie hilft mir, die blau-weiß-roten und die mit den aufgedruckten Noten zwischen die Bäume zu hängen.

„Papa, ist die alte Leiter auch stabil genug? Nicht dass du noch von der Leiter fällst."

Ich prüfe sie, befinde sie für tauglich und steige langsam hinauf. Die Nachbarin von rechts, die Frau De la Croix, kommt an den Zaun. Sie ist natürlich mit ihrem Mann auch eingeladen.

„Herr van Delft, Sie sind ja noch ganz schön sportlich. Und wie schön Sie das mit Ihrer Tochter machen. Ich freue mich schon auf morgen."

„Ich freue mich auch, dass Sie und Ihr Mann kommen. Ich werde auch Fotos von meiner Tournee zeigen."

„Aha, dann bin ich gespannt. Wo waren sie denn?"

„Wir waren in der Mailänder Scala, in der neuen Pariser Philharmonie, in Amsterdam, in der Berliner Philharmonie, in Warschau, Riga und zum Schluss in der modernen Sarjada in Moskau."

„Das hört sich ja imposant an. Dann bis morgen Abend."

Nach diesen Worten wendet sie sich um und geht in ihr Haus. Noch eine Girlande und wir sind fertig.

„Papa, es sieht sehr schön aus."

„Ja, das finde ich auch. Komm Petra, wir gehen rein."

Bernhard hat sich angeboten, am nächsten Vormittag bei den Vorbereitungen zu helfen. Er bläst die Luftballons auf und verteilt sie im ganzen Garten. Sie bewegen sich im lauen Wind. Die Fackeln werden am Rand eingesteckt und angebunden. Am Nachmittag sind die drei Musiker als erstes da, und probieren, wo sie sich am besten platzieren.

„Was machen wir, wenn es plötzlich regnet?" fragt Chantal.

„Dann gehen wir einfach rein. Die Musikinstrumente brauchen ein kleines Dach, große Regenschirme."

Es ist 19 Uhr. Meine Eltern kommen. Sie haben sich schick angezogen.

„Vincent" ruft meine Mutter, „wie schön ihr den Garten geschmückt habt. Einfach herrlich. Hoffen wir mal, dass das Wetter auf unserer Seite ist."

Sie überreicht mir eine Sektflasche.

„Herzlichen Dank, Mama."

„Sieh mal an, wer da kommt," sage ich zu Chantal, „den kennst du noch nicht. Das ist mein Patenonkel."

Wir gehen aufeinander zu und umarmen uns, so wie Männer es tun, wenn sie sich länger nicht gesehen haben. Er überreicht mir einen riesigen Blumenstrauß und ein schuhkartongroßes Päckchen.

„Mensch, Vincent, wir haben uns ja eine Ewigkeit nicht gesehen."

„Paul, jetzt übertreibst du ein wenig. Aber danke für den herrlichen Strauß und das Geschenk."

Meine Frau steht in Reichweite und zieht mich sanft zu sich.

„Den haben wir doch gar nicht eingeladen. Woher weiß der von unserer Feier?" fragt sie mich im Flüsterton.

„Das weiß ich nicht. Paul hat seine Lauscher überall. Nun machen wir kein Thema draus. Dann ist er eben jetzt eingeladen."

Als Petra und Bernhard vorbeikommen, bitte ich sie, den Blumenstrauß in eine Vase zu stecken und auf diesen Tisch hier zu stellen.

„Bernhard, es ist jetzt an der Zeit, die Holzkohle anzuzünden und das Essen raus zu tragen."

„Paul, du entschuldigst mich bitte, ich will mich um die ankommenden Gäste kümmern. Nimm dir ein Getränk, das Essen braucht noch eine Weile."
Petra macht mich darauf aufmerksam, dass ihre zukünftigen Schwiegereltern mit dem Auto vorfahren.
„Danke, dann werde ich ihnen mal entgegen gehen."
„Hallo Lisbeth, hallo Stephan, herzlich willkommen."
„Bitte schön, eine Kleinigkeit von uns."
Ein rundes Päckchen, mit einer weinroten Schleife.
„Danke" sage ich und öffne es gleich. Ein schwarzer Hut. Ich setze ihn auf. Er passt. Den behalte ich erst einmal auf.
„Der steht dir gut" sagt meine Mutter.
Nun muss ich ins Haus gehen und mich im Spiegel anschauen. Wirklich er passt zu mir. Aber ich setze ihn wieder ab, denn den ganzen Abend mit solch einem schicken Hut herumzulaufen, ist bestimmt nicht angebracht. Ich will ja nicht bei meinen Gästen als Narzisst auffallen. Meine Eltern haben sich so schick gemacht. Welch eine Ehre für mich.

Die Musiker sollten beginnen, leise zu spielen. Wo sind die denn bloß? Im Haus finde ich sie.
„Es wäre schön, wenn ihr mit einer zarten Willkommensmusik beginnen würdet."
„Na gut, wir denken uns mal eine Willkommensmusik aus, witzeln sie, gehen zu den Instrumenten und spielen.

Allmählich wird es dunkel, Zeit, die Fackeln anzuzünden. Das übernimmt Petra. Fehlen noch Gäste? überlege ich. Ja, die Nachbarn von der linken Seite. Ich beschließe, mit einer Rede anzufangen. Ganz frei will ich sprechen, so wie es mir in den Sinn kommt. Die Musik wird leiser, die Gäste auch.
„Liebe Eltern, Schwiegereltern, Freunde, Verwandte und Nachbarn, ihr kennt den Grund dieser Feier."

Die Musiker sind ganz verstummt.

„Ende März bis Ende April war ich mit meinem Orchester und dem Chor auf einer Tournee in mehreren europäischen Städten. Von Mailand bis nach Moskau. Anstrengend war es. Aber nach jeder Aufführung – fast jeder – haben wir reichlich Applaus bekommen. Das ist der Lohn für uns Musiker. Wir haben auch genügend Freizeit eingeplant, bei der eine Menge Fotos gemacht wurden, die ihr euch nachher an dem Tisch dort ansehen könnt."

Nun sehe ich im Augenwinkel, dass unsere linken Nachbarn den Garten betreten.

„Herzlich willkommen, liebe Nachbarn."

Sie stellen sich zu Chantal auf die Terrasse.

„Nun will ich nicht mehr lange reden. Bedient euch nach Herzenslust und genießt diesen Abend."

Auch hier bekomme ich Applaus und denke, das ist mir gut gelungen. Meine Frau lächelt mir wohlwollend zu. Die Musiker spielen einen Blues. Jetzt steht mein Sinn nach einer gut gerösteten Bratwurst mit Salat. Ich gehe zu Bernhard, der am Grill steht, nehme mir einen Teller und lasse mich bedienen.

„Danke Bernhard. Möchtest du abgelöst werden von diesem Job?"

„Ja, das wäre gut."

Ich frage meinen Nachbarn, ob er diese Arbeit übernehmen möchte. Er ist gleich bereit.

Mit meinem Teller gehe ich an den Tisch, an dem mein Patenonkel steht und genieße meine Wurst und den Salat. Dabei beginne ich ein Gespräch mit ihm über seine Familie. Für ihn ist seine Familie immer wichtig gewesen. Er legt Messer und Gabel beiseite und beginnt zu erzählen.

„Meine Frau hat ein neues Betätigungsfeld gefunden. Sie bietet Yogakurse an, seit zwei Monaten. Es macht ihr Spaß und sie verdient einiges damit."

Ich erzähle von mir:

„Nachdem ich vor einiger Zeit, es war noch vor der Tournee, bei einer Aufführung einen Schwächeanfall hatte, hat mein Arzt mir geraten, Yoga zu machen. Es hat mir gut getan."

„Ich muss dir noch von unseren Kindern erzählen," fällt er in meine Rede, und ich weiß nicht, ob er mir zugehört hat.

Ich höre ihm zu und esse meine Bratwurst, bevor sie kalt wird. Der von meiner Frau zubereitete Salat mit Essig und Öl ist ein Gedicht.

„Unser Sohn hat gerade einen PKW-Führerschein gemacht. Gleich beim ersten Mal hat er beide Prüfungen bestanden. Nun wünscht er sich ein Auto. Na ja, ich will mal sehen. Ich will ihn nicht verwöhnen. Einiges soll er sich dazuverdienen, dann werde ich es machen."

Ich sage erst mal nichts und überlege, was ich an seiner Stelle machen würde. Mein Blick geht zur Terrasse, wo einige Paare tanzen. Dazu habe ich auch gleich Lust.

„Hast du mein Geschenk schon ausgepackt?" fragt mein Onkel.

„Nein habe ich noch nicht, das werde es gleich machen. Vorher will ich aber mit Chantal tanzen."

Mittlerweile funkeln die ersten Sterne an diesem kristallklaren Himmel. Eine romantische Stimmung macht sich in mir breit. Was hat mein Onkel mir wohl geschenkt. Nun bin ich doch neugierig und gehe zu dem Tisch, auf dem das Päckchen liegt, hebe es an, und schüttele. Es ist schwer und es raschelt. Ich öffne die blaue Schleife. Noch weiß ich nicht, was darin ist. Als ich den Schuhkartondeckel anhebe, sehe ich lauter Silbermünzen. Ich nehme eine Handvoll davon und schaue sie mir genau an. Es sind alte französische und italienische Geldstücke. Meine Eltern kommen zu mir und fragen:

„Was ist das denn?"

„Es sind Münzen aus der Zeit vor dem Euro. Seht selbst, Lira aus Italien und Franc und Centime Münzen aus Frankreich. Die hat mir mein Patenonkel geschenkt."

„Das ist ja ein merkwürdiges Geschenk" meint meine Mutter.

„Ja, das finde ich auch. Nachher werde ich ihn fragen, was er sich dabei gedacht hat. Nun will ich aber endlich mit meiner Frau tanzen."

Sie unterhält sich mit einigen Gästen auf der Terrasse. So ein schönes, weinrotes Kleid hat sie an.
„Mein Schatz, ich muss dich zum Tanz verführen."
„Aber mit Vergnügen" sagt sie und wir drehen uns langsam zu der sanften Musik.
„Wie fühlst Du dich an diesem großen Tag?" fragt sie mich.
„Sehr gut. Vor ein paar Minuten habe ich mit meinem Patenonkel gesprochen. Er hatte viel zu erzählen und fragte mich am Schluss, ob ich sein Geschenk schon ausgepackt habe. Stell dir vor, was er mir geschenkt hat. Du errätst es nicht."
„Nun sag schon."
„Einen Schuhkarton voller alter Geldstücke, silbern eingewickelt mit einer dunkelblauen Schleife."
„Auf jeden Fall sehr außergewöhnlich. Vielleicht kannst du sie in einer Bank in brauchbares Geld umtauschen."
„Das ist auch eine Idee. Möglicherweise wusste er nicht, was er mir schenken kann und hat alles alte Geld zusammen gekramt und in einen Schuhkarton gesteckt."

Ich ging zu meinen Musikern und bestellte einen Wiener Walzer. Den habe ich schon lange nicht getanzt. Meine Frau lässt sich leicht führen und so erlebten wir einen zweiten, nein einen dritten verliebten Frühling und schwelgten dabei in unseren Erinnerungen.

Mittlerweile ist es schon halb elf.
„Ich will sehen, wo Petra ist. Mit ihr möchte ich auch tanzen."

Chantal gab mir einen zärtlichen Kuss und schwebte davon. Wo ist denn bloß meine Tochter? Aha, hier hinten am Ende des Grundstücks steht sie mit ihrem Partner und schaut zum Himmel hinauf.
„Papa, hast du mich gesucht?"
„Ja, das habe ich. Wenn du genügend Sterne gesehen hast, würde ich gerne mit dir tanzen."
„Ich warte auf Sternschnuppen."

„Mein Kind, da kannst du lange warten. Im Sommer hast du eher Glück."

„Na gut, dann komme ich mit und werde im Sommer in den Himmel schauen. Bernhard, und anschließend will ich mit dir tanzen."

„Was tanzt du am liebsten" fragte ich meine Tochter.

„Foxtrott, aber nicht so schnell. Ich bin schon im vierten Monat."

„Na gut."

Ich bestellte Tanzmusik zu einem verlangsamten Foxtrott.

„Was sind das für Sonderwünsche?" frotzelt der Schlagzeuger.

„Wird gemacht" sagte er und die drei spielten „Bei mir bist du scheen."

„Papa, endlich machen wir beide mal etwas Schönes."

Mit einem Mal blitzte es auf. Chantal machte Fotos von uns und dann von den Anderen, die im Garten verstreut waren.

„Im Haus gibt es Kaffee und Kuchen," rief sie dann in den Garten. Sofort liefen einige aufs Haus zu. Während dessen platzte ein Luftballon „Ist das hier schön" kam schwärmend mein Patenonkel auf mich zu.

„Ja, Onkel Paul, damit hast du vollkommen recht. Wie kamst du darauf, mir einen Karton voller alter Münzen zu schenken?"

„Das ist ganz einfach: ich wusste nicht, was ich dir schenken soll, weil ich dachte, du hast alles. Stimmt das etwa nicht? Dann kam mir die Idee mit den vielen Münzen, die bei mir überall herum lagen. Die hast du bestimmt nicht. Jetzt mach damit, was du willst. Ein paar habe ich noch bei mir behalten. Ich bin eben ein Sammlertyp."

„Von jeder Sorte werde ich einige in meine Glasvitrine legen. Den Rest werde ich zur Bank bringen und auf meinem Konto gutschreiben lassen."

„Dann lag ich mit meiner Geschenkidee doch ganz gut." sagt er und schlendert zum Getränketisch.

Ich machte einen Rundgang durch den Garten, um zu sehen, mit wem ich mich noch unterhalten könnte und gesellte mich zu meinen linken Nachbarn, Herr und Frau Klose. Sie standen an einem Tisch und nippten an ihren Sektgläsern. Sie wollten dann noch mehr und genaueres über meine Tournee wissen. Als ich anfing zu erzählen, fiel die Nachbarin mir ins Wort:
„In der Zeitung haben wir einen Artikel über Ihren Auftritt in der Pariser Philharmonie gelesen. Da war doch der Moment, wo Ihr Vater ohnmächtig geworden ist. Wie geht es ihm denn jetzt?"
„Er ist heute hier und es geht ihm wieder gut."
Ich ärgerte mich über diese Nachbarin, die zwar Fragen stellt, aber am liebsten selbst redet. So wurde ich dann etwas einsilbig. Unter dem fadenscheinigen Grund, ich müsse mich jetzt um das Löschen der Grillkohle kümmern, beendete ich das Gespräch. Beide schauten etwas bedröppelt drein. Was soll's, ich will mir doch meine gute Laune nicht verderben lassen.

Die Uhr zeigt bereits auf kurz vor Mitternacht. Ich gehe zum Grill, der bereits gelöscht ist. Die ersten Gäste kommen zu mir, um sich zu verabschieden, mit Händedruck.
„Es war ein schönes Fest, vielen Dank," sagen die meisten. Meine Frau kommt zu mir und meint:
„Morgen früh können wir aufräumen. Es ist spät. Lass uns rein gehen."
„Ja, gleich. Ich will noch die letzten Gäste verabschieden."

„Liebe Lisbeth und Stephan, kommt gut nach Hause."
„Danke, es waren wunderschöne Stunden" sagt sie.
„Mein Alkoholspiegel ist bestimmt nicht so hoch, dass ich nicht mehr fahren kann," sagt der zukünftige Schwiegervater meiner Tochter.
„Ich kann euch ein Taxi rufen."
„Nein Vincent, das ist nicht nötig."
„Bernhard schläft heute bei Petra."
„Aha, ich freue mich jetzt schon auf die Hochzeit von den beiden."

„Ich auch. Es sind noch zwei Monate bis dahin."
Wir umarmen uns und ich gehe ins Haus. Chantal und ich sind uns einig, dass es ein gelungenes Fest war.
„Gute Nacht" sagt sie.
„Gute Nacht."
Ich schlafe bald ein und habe am nächsten Morgen beim Frühstück einen ungewöhnlichen Traum zu erzählen. Während des Essens fange ich an:
„Also, ich habe Folgendes geträumt: in unserem Garten wurde eine große Zuschauer-Tribüne aus Holz gebaut. Das hat eine Woche gedauert. Bunte Lampions wurden aufgehängt und viele Fackeln beleuchteten den großen Garten. Als alles fertig war, habe ich mit meinem Orchester, dem Chor und den Solisten die Messe von Robert Schumann aufgeführt. Die Tribüne war bis auf den letzten Platz besetzt. Am Schluss gab es großen Applaus. Ist das nicht ein wunderbarer Traum?"

„Ja, das ist es. Aber Papa, stell dir vor, das wäre in Wirklichkeit passiert, dann wäre unser schöner Garten jetzt hinüber."
„Das stimmt. Zum Glück war es nur ein Traum. Es wäre gut, wenn wir alle nach dem Frühstück im Garten aufräumen."
„O. k. Das machen wir" sagte Bernhard und aß sein Croissant weiter und trank seinen Milchkaffee.

Nach dem Frühstück teilte ich die Arbeit ein und jeder nahm sich ein Werkzeug aus dem Geräteschuppen: Harke, Besen Schubkarre. Nach eineinhalb Stunden waren wir fertig und unser Garten sah wieder so schön aus wie vor dem Fest.
„Prima, danke schön" sagte ich, und wir gingen zurück ins Haus.
Am nächsten Tag fragte meine Frau:
„Vincent, hast du schon die alten Goldmünzen zur Sparkasse gebracht?"
„Oh nein, noch nicht. Ich lege den Karton gleich auf die Garderobe, damit ich es nicht vergesse. Es wird mir gut tun, mit dem Fahrrad zu fahren und den Karton im Rucksack zu transportieren."

Bevor ich los fahre, nehme ich drei ausgewählte Münzen aus dem Karton und drapiere sie in die Glasvitrine. Das Radfahren macht mir Spaß, das habe ich schon lange nicht mehr gemacht. Ich denke, das ist gut, um fit zu bleiben. Mein Fahrrad muss natürlich abgeschlossen werden. Wer weiß, wie lange das Geldzählen dauert. Ich gehe zu einem freien Schalter und stelle den Karton auf den Tresen.

„Ja bitte" begrüßt mich eine junge, nette Dame.

Ich hebe den Pappdeckel und schiebe den Karton zu ihr hinüber.

„Können Sie das zählen? Den Betrag hätte ich gerne auf mein Konto gutgeschrieben."

„Dafür haben wir eine Maschine, eine Geldzählmaschine."

Sie geht damit zu einem Automaten und schüttet das ganze Geld langsam hinein. Was für ein Geräusch. So etwas hört man sonst nie. Nach einer Weile kommt sie mit der leeren Schachtel und einem Zettel zu mir.

„Es sind umgerechnet 212,25 Euro," sagt sie.

„So viel" entfährt es mir sofort.

„Danke, dann schreiben Sie es bitte meinem Konto gut."

Ich freue mich über so eine hohe Summe, das hätte ich nicht gedacht, packe meinen Karton ein und fahre nach Hause.

# Aufführung in der Sacré-Cœur am 25 Mai, Messe in C-Moll von Robert Schumann

Am regulären Chorprobentag hatten alle die Noten von der Messe dabei. Wir redeten aber erst eine Weile über mein Gartenfest. Alle, die nicht dabei gewesen waren, stellten viele Fragen, die aber unbeantwortet blieben. Wir wollten schließlich üben. Vorher verkündete ich noch den Aufführungstermin. Wir üben das Stück durch. Es klappt wunderbar. In der Pause kommen mir erste Zweifel, ob diese Kirche der richtige Ort ist. Nach der Pause mache ich es zum Gesprächsthema. Es entsteht ein großes Gemurmel. „Warum denn jetzt aufgeben?" ruft ein Sänger.

Ich entgegne:

„Es ist eine Wallfahrtskirche, die nicht abgeschlossen wird. Während unserer Aufführung würden Menschen kommen und gehen."

„Dann ist es wohl doch nicht die richtige Kirche für uns," meint eine Sopranistin aus der zweiten Reihe. Ich könnte auch abstimmen lassen. Aber, nein. Ich habe die Verantwortung und entscheide es.

„Liebe Leute, wir brechen es ab und suchen in der nächsten Zeit eine kleinere Kirche für das Stück. Wir bleiben an dem Werk dran."

Jetzt gibt es keine Widerworte mehr. Alle sind einverstanden. Die Aufführung fällt aus. Ich muss nur noch in der Sakristei Bescheid geben.

# Hochzeit von Petra und Bernhard am 17 Juli

Petra wird am 10. Juni achtzehn Jahre und kann deswegen nicht vorher heiraten. Mit Ausnahmeregelungen wäre es möglich, aber das wollen beide nicht. Die paar Wochen können sie auch noch warten. Als sie eines Sonntags einträchtig an der Seine spazieren gehen, fragte Petra Bernhard:
„Wollen wir nur standesamtlich heiraten, oder auch kirchlich?"
Er blieb stehen, ließ ihre Hand los und schaute sie an.
„Ich möchte eine romantische Hochzeit. Das heißt, auch kirchlich heiraten, in einer schönen Kirche, mit weißem Schleier und mit einer Kutsche gefahren werden."
Daraufhin umarmte sie ihn.
„Liebling, du sprichst mir aus der Seele. So möchte ich es auch. Aber vor allem brauchen wir eine eigene Wohnung. Wir wollen doch nicht nach der Hochzeit jeder bei seinen Eltern wohnen."
Er nahm sie an der Hand und sie gingen weiter an diesem sonnigen Tag.
„Lass uns später über die Wohnungssuche reden."

„Bernhard, wie ist es bei dir mit dem Glauben an Gott? Willst du die kirchliche Trauung wegen der Romantik, oder würde es für dich mehr bedeuten? Schau mal, ich bin in der katholischen Tradition groß geworden und du bist ein Protestant. Das heißt doch, dass wir uns ökumenisch trauen lassen, es sei denn, einer von uns konvertiert."

„Ich möchte nicht nur wegen der Romantik eine kirchliche Trauung, sondern weil ich an eine höhere Macht glaube, an eine Kraft, die viel stärker ist als wir Menschen. Diese Kraft hält alles zusammen und ordnet den Kosmos. Das ist meine feste Meinung."
„Wenn wir zu Hause sind, fragen wir meine Eltern, wie wir es am besten machen sollen."

„Gut, das machen wir. Wahrscheinlich brauchen wir zwei Priester."

„Ja, das ist sehr wahrscheinlich" sagte Petra. Mit diesen Worten gingen sie Hand in Hand in die Rue La Fayette.

„Die Wohnungssuche werde ich übernehmen. Ich habe einen Freund, der Makler ist. Vielleicht brauchen wir dann weniger Kaution zahlen, oder gar keine."

„Das wäre wunderbar."

„Petra, was meinst du, reichen drei Zimmer für uns? Ein Wohnzimmer, ein Schlafzimmer und ein Kinderzimmer."

„Und wenn Gäste kommen?" entgegnete sie.

„Dann schlafen sie im Wohnzimmer. Ich will sehen, ob ich eine Wohnung im Boulevard de Clichy bekomme."

„Damit bin ich einverstanden."

Zu Hause angekommen, waren ihre Eltern nicht da.

„Daniel, wo sind unsere Eltern?" fragte Petra ihren Bruder.

„Die sind bei unseren Nachbarn. Sie werden bestimmt bald zurück sein."

„Danke" sagte Petra.

Sie legten eine schöne Musik auf und träumten in ihre gemeinsame Zukunft.

„Bernhard, kennst Du das Lied **Ich bete an die Macht der Liebe**?"

„Ja, das kenne ich."

„Ich möchte, dass es bei unserer kirchlichen Trauung gespielt wird."

„Damit bin ich einverstanden."

Es dauerte nicht lange, bis ihre Eltern nach Haus kamen. Petra schaltete die Musik aus.

„Hallo, ihr beiden" sagte ihre Mutter und setzte sich zu ihnen.

„Papa komm, setz dich auch zu uns, wir möchten etwas mit euch besprechen," begann Petra.

„Wir wollen kirchlich heiraten. Wie ist es denn in der Praxis, weil wir doch verschiedenen Konfessionen angehören?"

„Das nennt man eine ökumenische Heirat."
„Das weiß ich, Papa. Wie ist es denn genauer?"
„Ihr braucht einen Priester und einen Pfarrer," brachte Petras Mutter sich jetzt ein, „einen katholischen und einen evangelischen."
„Und in welcher Kirche sollte es sein? In einer katholischen oder in einer evangelischen?"
„Ich denke, in einer katholischen" sagte ich, der sich jetzt so langsam mit dem Gedanken anfreunden musste, dass seine Tochter in ein paar Monaten aus dem Haus gehen wird und eine eigene Familie gründen würde.
„Kinder, ich schlage vor, ihr geht zu einem Priester. Nein noch besser, ihr oder wir zusammen suchen zunächst eine Kirche aus und gehen dann zu dem zuständigen Pfarrer oder Priester."
„Das ist die beste Vorgehensweise," meinte Chantal. Nun bemerkte ich meinen Sohn Daniel, der das ganze Gespräch im Türrahmen mitbekommen hatte.
„Du darfst es ruhig hören, Daniel. Es gibt keine Geheimnisse."

Nach einigem Überlegen fiel mir eine Pfarrkirche ein.

„Hört mal, es gibt die „Saint-Paul Saint Lois" Kirche. Sie ist etwas mehr als einen Kilometer von hier entfernt in der Rue St. Antoine. Dort solltet ihr hingehen. Oder wollt ihr, dass ich mitkomme?"
„Nein Papa, danke für das Angebot, aber das können wir selbst, nicht wahr Bernhard?"
„Natürlich. Zum Standesamt sind wir doch auch alleine gegangen. Welche Dokumente müssen wir mitnehmen?"
„Einen Ausweis und nehmt auch ruhig eure Tauf- und Konfirmationsurkunden mit."
„Gut, dann sind wir jetzt schon ein Stück weiter auf dem Weg zur Trauung," meinte Petra.
„Ihr könnt euch schon einen Trauspruch überlegen, einen, der etwas mit euren Wertvorstellungen zu tun hat. Ich öffne gleich eine Flasche Sekt, die ich bei der Gartenfeier geschenkt bekommen habe."

„Petra, wie willst du deinen achtzehnten Geburtstag feiern?" fragt meine Frau. „Denn der ist ja nun auch bald."

„Den möchte ich in einem kleinen Rahmen begehen."

Wir tranken und redeten noch eine Weile, bevor wir uns zur Nachtruhe verabschiedeten. Als Petra und Bernhard im Bett lagen, sagte sie zu ihm:

„Ich habe eine Idee für unseren Trauspruch."

**Denn es ist ein köstlich Ding, dass das Herz fest werde, welches geschieht durch Gnade."**

„Petra, das finde ich gut. Woher hast Du den?"

„Das habe ich im Konfirmandenunterricht gelernt. Den Spruch fand ich damals schon gut. Jetzt ist er mir wieder eingefallen. Morgen früh werde ich nachschauen, welcher Bibelvers es ist. Den brauchen wir, wenn wir zum Priester gehen."

Sie redeten noch eine Weile und schliefen dann ein.

Nach dem Frühstück holte sie ihre Bibel hervor.

„Wie finde ich bloß die Bibelstelle von diesem Spruch?"

„Schatz, das ist so zu schwierig. Las uns im Internet nachsehen."

Bernhard fand es dann auch gleich:

„Der Spruch steht im Hebräerbrief, Kapitel 13, Vers neun. Den schreibe ich ab und wir machen gleich am Telefon einen Termin mit dem zuständigen Priester."

„Wunderbar" sagte Petra und strahlte ihn mit ihren blauen Augen an. Sie gingen nach unten zum Telefonieren.

„Bernhard, ruf du an. Hier ist die Nummer von der Sakristei der Pfarrkirche Saint-Paul Saint Lois. Mein Vater hat sie für uns aufgeschrieben."

Petra setzt sich gemütlich auf den Ohrensessel, einem ihrer Lieblingsplätze.

„Hallo, können Sie mich mit einem zuständigen Priester verbinden, oder mir seine Telefonnummer geben?"

Petra neigte sich mit ihrem Oberkörper zum Telefonhörer, um so das Gespräch mitzubekommen. Sie verstand einiges und sah, wie Bernhard eine Notiz machte. Er schrieb ein Datum und eine Uhrzeit auf: Samstag, 18. Juli, 14,30 Uhr. Einige Worte wechselte er noch mit dem Pfarrer und legte dann auf.
„Wir haben einen Termin für ein Vorgespräch bei dem Priester Emanuel."
„Ja, ich habe gesehen, was du aufgeschrieben hast."
Sie standen beide auf, umarmten sich und er hob sie in die Höhe und drehte sich einmal um seine eigene Achse.
„Hör auf!" rief sie, „mir wird schwindelig."
„Ich kann dich auch zum Bett tragen."

Sie löste sich aus seinen Armen, ging die Treppe hoch in ihr gemeinsames Schlafzimmer und sagte: „Schließe bitte die Tür ab, wir wollen ungestört sein. Du sollst mal fühlen, wie sich unser Nachwuchs in meinem Bauch bewegt."
Bernhard war sehr zärtlich. Es klopfte an der Tür.
„Jetzt nicht" sagte Petra.
„Kommt bitte später zu mir runter" sagte ihre Mutter.
„Ja, machen wir."

Nach einer Weile gingen beide hinunter ins Esszimmer. Es duftete nach Kaffee.
„Setzt euch. Ich habe Apfelkuchen gebacken. Papa kommt auch gleich."
Nun gesellte sich auch Daniel zu ihnen.
„Ich möchte mit euch über ein paar Vorbereitungen zur Hochzeit sprechen" sagte Petra.
Daniel bekam große Ohren.
„Was gibt es denn dabei zu besprechen?" wollte er wissen.
„Das wirst du gleich sehen" sagte seine Mutter. Bei diesen Worten komme ich als Familienoberhaupt ins Zimmer.
„Welch eine vertraute Runde und so ein duftender Apfelkuchen. Habt ihr schon in der Pfarrkirche angerufen?"

„Ja, wir haben einen Termin für ein Vorgespräch bei Pfarrer Emanuel."

„Es ist ein Priester" korrigierte ich meine Tochter.

„Na gut, dann eben bei einem Priester, am Samstag den 18 Juli um 14.30 Uhr."

„Na, wunderbar" meinte ich, „gibt es auch Schlagsahne zu dem Kuchen?"

„Ja, die gibt es. Daniel kannst du sie bitte aus dem Kühlschrank holen. Nun lasst uns doch erst mal genießen, was auf dem Tisch steht."

Der Kuchen ist noch warm. Er ist besser als in jeder Konditorei. Nun kommt meine Frau mit ihrem Thema.

„Petra, es ist an der Zeit, dass wir uns um dein Brautkleid kümmern. Denn das Aussuchen und Anprobieren braucht immer eine gewisse Zeit. und dann muss es vielleicht noch geändert werden. Welche Vorstellung hast du davon?"

„Darüber habe ich noch gar nicht viel nachgedacht. Aber einiges weiß ich schon. Es soll weiß sein, einen Schleier haben, der bis zum Boden reicht, und es soll mich nicht einengen. Denn wir müssen ja auch das Wachsen meines Bauches berücksichtigen."

„Dann hast du doch schon ganz bestimmte Vorstellungen. Wir werden nächste Woche in ein Geschäft für Brautmoden gehen. Und zu dem Kleid brauchst du bequeme, passende Schuhe, auch in weiß."

„Ich würde gerne dabei sein" warf Bernhard ein.

„Warum nicht. Schließlich will ich dir darin gefallen. Sonst änderst du noch deine Meinung beim Standesamt und sagst plötzlich <nein>, wenn du gefragt wirst."

Alle lachten, nur Daniel nicht. Der hat es noch nicht verstanden.

„Warum lacht ihr?" fragte er. Wir versuchten, es ihm zu erklären.

„Ach so ist das. Man wird immer gefragt, ob man den anderen heiraten will?" „Genau so ist es" antwortete meine Frau.

Bevor die Kaffeetafel aufgehoben wurde, hatte Bernhard noch etwas Neues zu berichten:

„Petra und ich suchen eine Wohnung. Gestern habe ich einen Freund angerufen, er ist Makler. Mit ihm habe ich einen Besichtigungstermin am 9. Juli ausgemacht. Er wird uns eine Drei-Zimmer-Wohnung in dem Boulevard de Clichy Nummer 14 zeigen."
„Na, dann wünsche ich viel Erfolg dabei" sagte Chantal.

## Brautkleidung

Drei Tage später fahren sie zu dritt zu einem Geschäft für Brautmoden: Petra, ihre Mutter und ihr Bräutigam Bernhard. In ihrer und seiner Familie wird er der Bräutigam genannt, obwohl beide nicht verlobt sind. Nun stehen sie vor dem Geschäft und alle staunen über so viel elegante Brautkleidung in den Schaufenstern. Beim Betreten des Ladens kommt ihnen eine Verkäuferin entgegen. Petras Mutter erklärt ihr die Wünsche ihrer Tochter.

„Schauen Sie sich in Ruhe um. Ich gehe zu meiner anderen Kundin."

Bernhard sieht ein Kleid, das ihm besonders ins Auge sticht.
„Petra, dieses finde ich sehr gut. Probier es doch bitte an."
Sie findet es auch sehr schön, nimmt es von der Stange und geht in die Umkleide.

„Das kann ich gar nicht alleine anziehen. Mama, du musst mir helfen."

Während dessen geht Bernhard in die Ecke, in der die Brautschleier hängen. Dann kommt Petra in dem Kleid auf ihn zu, ohne Schuhe.

„Du siehst bezaubernd aus. Jetzt brauchst du noch ein paar Schuhe."

„Ja, aber das Kleid muss in der Taille etwas weiter gemacht werden."

„Ich habe Erfahrung darin" sagt die Verkäuferin.

In vier Tagen können sie zur erneuten Anprobe kommen.
„Welche Schuhgröße haben Sie?"
„Neununddreißig."
Petra probiert die ersten Schuhe an.
„Die sind mir zu eng. Sie müssen eine Nummer größer sein."
„Kein Problem."
Die Größeren passen gut.

Die Suche nach einem passenden Schleier dauert eine Weile. Der muss auch noch anprobiert und dann abgesteckt werden, weil er ein paar Zentimeter zu lang ist.
„Jetzt haben wir alles" meint Petras Mutter und fragt Bernhard, ob er sich hier gleich einen Anzug kaufen will.
„Das werde ich mit meinen Eltern in den nächsten Tagen machen."
Dann bezahlt Petras Mutter und sie gehen mit nur einer Tüte, in der die Schuhe sind, aus dem Geschäft.

Während Chantal, Petra und Bernhard unterwegs sind, um die Brautkleidung zu kaufen, kam mir eine Idee. Als sie nach Hause kommen, lasse ich sie zunächst von dem Einkauf berichten und erzähle dann, was ich mir überlegt habe.

„Die Aufführung unserer Messe von Schubert möchte ich in der Pfarrkirche Saint-Paul Saint Lois machen. Ich hoffe auf eine Erlaubnis und zwar nach der Hochzeit. Vielleicht zwei Wochen später."
„Warum nicht. Das finde ich eine gute Idee" sagt Chantal. Petra und Bernhard nicken.
„Also werde ich mich in den nächsten Tagen darum kümmern."

Meine Frau ist eine gute Planerin. Sie schreibt eine Liste, was bis zum Fest alles geregelt werden muss: eine Gästeliste schreiben, Einladungen verschicken und einiges mehr. Wie fahren wir von hier zur Kirche und zurück? Mit einer Kutsche, oder mit Autos? Wo wird gefeiert? Um welche Uhrzeit? Welche Speisen gibt es? Welche Musiker spielen? Soll getanzt werden? Eine Menge Fragen.

Ich habe aus Petras Mund gehört, dass sie mit einer Kutsche zur Kirche fahren wollen. Ich muss noch einmal mit den beiden darüber sprechen. Ich finde beide in Petras Zimmer und frage „hört mal, ihr beiden, wie wollt ihr an eurem großen Tag zur Kirche fahren?"

„Ich fände es gut, mit einer geschmückten Kutsche und zwei Pferden davor, zu fahren. Ob die weiß sind oder schwarz, ist mir egal."

„Das kann ich mir gut vorstellen" meint Bernhard.

„Ich möchte, dass meine Eltern bei dem Gespräch dabei sind. Es gibt so vieles zu besprechen."

„Das ist eine gute Idee" sage ich, „dann rufe ich sie jetzt an. Es ist 17 Uhr. In ein paar Minuten werden sie hier sein."

Und tatsächlich, sie sind auch bald da. Wir gehen ins Wohnzimmer und meine Frau kommt auch dazu. Ich erkläre kurz, was ich mit Petra und Bernhard besprochen habe.

„Natürlich ist es sehr romantisch, mit einer Kutsche zur Kirche zu fahren. Ich gebe nur zu Bedenken, wie weit der Weg von hier bis zu der Kirche ist. Es sind fast zwei Kilometer. Das ist viel für die Pferde und es würde einen Verkehrsstau verursachen."

„Wenn man das so betrachtet, dann sollten wir darauf verzichten und mit einem Auto fahren. Was meinst du, Bernhard?"

„Dann bin ich damit einverstanden, ein Auto zu nehmen. Das kann man ja auch schön schmücken."

Ich schlage vor, sie mit meinem Auto zu fahren.

Damit sind beide einverstanden.

„Stephan und Lisbeth, hört mal bitte zu. Ich will euch in den Stand unserer Vorbereitungen einweihen. Chantal hat das Restaurant ausgesucht, die Uhrzeit und das Menü festgelegt. Wir haben 45 Gäste eingeladen, auch Cousins und Cousinen mit ihren Kindern. Für die Musik bin ich natürlich zuständig. Sieben Sängerinnen und einen Tenor-Solisten habe ich ausgesucht, dazu einige Musiker. Über alles, was Chantal und ich vorbereitet haben, sind Petra und Bernhard informiert worden."

„Vincent, das ist alles wunderbar, das habt ihr gut geplant. Lisbeth und ich möchten gerne Trauzeugen bei der morgigen standesamtlichen Heirat sein."

„Ja, gut. Chantal, bist du auch einverstanden? Und Petra und Bernhard, seid ihr auch damit einverstanden?"

„Ja" sagen beide.

Am 9. Juli bekommt Bernhard das Auto seines Vaters ausgeliehen, um Petra von zu Hause abzuholen und mit ihr zur Besichtigung der Wohnung zu fahren. Beide sind schon von dem Äußeren des Hauses beeindruckt. Es hat zwei Etagen plus ein ausgebautes Dach. Sie sollen in die erste Etage kommen. Dort steht die Tür offen. Sie werden von Bernhards Freund Detlef in der Diele empfangen.

„Hallo, ihr beiden, seht euch um. Ich bin dann für Fragen offen."

Beide schauen sich die Wohnung an. Es ist ein Altbau.

„Die Wohnung gefällt mir" sagt Petra.

„Der Balkon ist zwar etwas klein, das ist aber auch das Einzige, was ich zu bemängeln habe. Was meinst du?"

„Mir gefällt die Wohnung auch. Wir sollten sie nehmen. Aber lass uns noch eine Nacht darüber schlafen und dann den Vertrag unterschreiben. Wir werden einen Maler beauftragen müssen und einen Handwerker, der in dem einen Zimmer den Fußboden abschleift und lackiert," ist Bernhards Meinung.

Sie verabreden einen Termin für den nächsten Tag um 13.30 Uhr, an dem sie den Mietvertrag unterschreiben. Bernhard beauftragt die Handwerker und verpflichtet sie, dass die Wohnung am Montag, den 13. Juli fertig sein muss. Dann haben sie noch vier Tage Zeit, um Möbel, Gardinen und Lampen zu kaufen und die Wohnung einzurichten.

„Bernhard, meinst du, dass wir das in vier Tagen schaffen?"

„Wenn uns unsere Eltern helfen, dann schaffen wir das. Daniel hat bestimmt auch Lust beim Möbelrücken zu helfen."

Zwei Tage vor der Hochzeit ist die Wohnung komplett eingerichtet. Es fehlen nur noch ein paar Blumensträuße. Die werden sie zu ihrem Fest bekommen.

## Polterabend

Es fängt an zu dämmern. Wir sitzen immer noch im Wohnzimmer, als draußen plötzlich Krach gemacht wird. Da fällt mir ein, dass es ja den Brauch des Polterabends gibt.
„Kommt, wir gehen alle vorsichtig raus und sehen nach, wer dort ist."
Als ich die Haustür langsam auf mache, ruft jemand:
„Wartet noch eine Minute, dann könnt ihr raus kommen."

Einige Porzellanteile werden gegen unsere Hauswand geworfen. Als es dann ruhig ist, gehen wir nach draußen. Vorsichtig müssen wir an den zerbrochenen Tellern und Tassen vorbei gehen. Unsere Nachbarn stehen da.

„Guten Abend, dann kommt mal rein. Damit habe gar nicht gerechnet, aber jetzt seid ihr willkommen."
Meine Frau bringt Wasser und Gläser und eine Flasche Korn.
„Prost, auf die Gesundheit und das Brautpaar," sagt Frau De la-Croix.
„Morgen Vormittag müsst ihr beide eure erste gemeinsame Aufräumarbeit verrichten."
Nachdem die Nachbarn gegangen sind, reden wir noch im Wohnzimmer über den morgigen Tag.

## Standesamt

Am nächsten Tag kommen Bernhards Eltern um 14 Uhr zu uns. Sie kommen noch kurz herein, um ein Wasser zu trinken, denn es ist sehr warm. Pünktlich um 15 Uhr sind wir in diesem wunderschönen mit Blumen und Kerzen geschmückten Raum des Standesamtes. Ein Berufsfotograf hält die wesentlichen Augenblicke mit seiner Kamera fest.

„Liebes Brautpaar, verehrte Anwesende, wir haben uns hier versammelt, um die Vermählung dieses jungen Paares zu vollziehen."

Die Blitzlichter des Fotografen stören die Zeremonie nicht. Die Personalien werden laut und vernehmlich verlesen.

„Frau van Delft, Sie haben sich entschieden, ab jetzt den Namen Friedrichs van Delft zu tragen.

„Und sie, Herr Friedrichs haben beschlossen, Ihren Namen beizubehalten."

„Nun frage ich sie, Bernhard Friedrichs, wollen Sie die hier anwesende Petra van Delft zur Frau nehmen? Dann sprechen Sie, ja, ich will."

„Ja, ich will."

„Und so frage ich auch Sie, Petra van Delft, wollen Sie…"

„Ja ich will."

Nun werden die Ringe gereicht und angesteckt.

„Jetzt erkläre ich Sie beide rechtmäßig für Mann und Frau. Sie dürfen sich jetzt küssen."

Und wieder gibt es ein Blitzlichtgewitter.

„Das Stammbuch wird ihnen zugeschickt, sobald es geschrieben ist."

Nun ist unsere Tochter verheiratet. Ich schaue sie an. Sie sieht glücklich aus und Bernhard, der nun ihr Mann ist, auch.

Soll ich meinen Gefühlen freien Lauf lassen, oder sie kontrollieren? Ich weiß es noch nicht. Ich will nicht kontrollieren, und lasse zu, was kommt. Es laufen Tränen über mein Gesicht. Zum Glück habe ich ein Taschentuch parat. Es ist mir nicht peinlich. Die Friedrichs kämpfen noch mit ihren Gefühlen und den Tränen des Glücks.

„Stellt euch nicht so an" denke ich, sage aber nichts. Petra ist sehr gefasst und strahlt. Während des Verabschiedens vom Standesbeamten und vom Fotografen besprechen wir, wo wir essen gehen.

Nach einigem Hin und Her entscheiden wir uns für einen Italiener ganz in der Nähe. An dem Tag ist es so warm, dass wir draußen essen können. Wir wählen einen Tisch unter einem Lindenbaum.

Jeder bestellt etwas anderes, außer dem Brautpaar. Sie bestellen sich ein Menü für zwei und trinken auch keinen Rotwein wie wir Anderen. Auf dem weiß gedeckten Tisch steht ein großer roter Rosenstrauß. Die anderen Gäste schauen zu uns herüber, denn man sieht uns an, dass wir etwas Besonderes zu feiern haben. Vor dem Essen stoßen wir an.

„Wir trinken auf das Brautpaar, dass sie lange leben und so glücklich bleiben, wie am heutigen Tage."

„Jetzt sollten wir uns duzen" meint Bernhards Vater.

„Ich bin einverstanden," sagt meine Frau. Und ich bin auch dafür.

„Ich bin Lisbeth" sagt Bernhards Mutter.

Zwei Musikanten kommen vorbei und bleiben an unserem Tisch stehen. Einer spielt Klarinette, der andere Geige.

„Das ist so schön" sagt Bernhards Mutter. „Vincent, hast Du die bestellt?"

„Nein, habe ich nicht. Das ist purer Zufall."

Der Violinenspieler fragt, ob wir einen Wunsch haben.

„Können sie **Vertraut den neuen Wegen** spielen?" fragt Petra.

„Ja das können wir."
Und sie beginnen zu spielen. Bernhards Eltern singen mit:

*„Vertraut den neuen Wegen, auf die der Herr uns weist,*
*weil Leben heißt: sich regen, weil Leben wandern heißt.*
*Seit leuchtend Gottes Bogen am hohen Himmelsstand,*
*sind Menschen ausgezogen in das gelobte Land."*

Wir spenden den Musikern Applaus und ich gebe ihnen ein Trinkgeld. Als sie gegangen sind, sagt Lisbeth: „Es gibt noch zwei weitere Strophen."
„Lisbeth, woher weißt du so etwas?" will ich wissen.
„Ich war fünfundzwanzig Jahre in einem Kirchenchor. Dort haben wir auch dieses Lied gesungen."
„Welche Tonlage hast Du gesungen?"

„Alt, und manch mal auch Sopran, aber hauptsächlich Alt."
Wir blieben noch eine Weile, denn wir hatten noch etwas zu besprechen.
„Stephan und Lisbeth, ihr setzt euch morgen in der Kirche in die erste Reihe rechts neben Bernhard und Petra. Wenn alle Gäste in der Kirche Platz genommen haben, geleite ich meine Tochter von draußen zum Altar."
„Chantal," sage ich zu meiner Frau, „hast du die Blumenstreu-Kinder bestellt?"
„Ja, das machen mein Neffe Martin und meine Nichte Sabine. Die werden schon rechtzeitig da sein. Dafür sorge ich."
„Dann ist es gut."
„Dann bis morgen Mittag bei euch" sagt Lisbeth.
„Ja, bis morgen um 12 Uhr bei uns. Ich werde gleich mein Auto schmücken,"

Zu Hause angekommen, hilft Bernhard mir, den roten Nelkenstrauß mit einer breiten, weißen Schleife auf der Motorhaube meines dunkelblauen Wagens zu befestigen. Ich werde langsam fahren, damit die Blumen nicht weg geweht werden. Petra kommt

heraus und bestaunt unser Kunstwerk. Sie macht drei Fotos mit ihrem Smartphone aus verschiedenen Richtungen.
„Gefällt es dir?" frage ich sie.
„Ja, Papa, das habt ihr sehr schön gemacht."

Ich fahre den Wagen in die Garage. Es ist spät geworden. Wir verabschieden uns und gehen ins Bett.
In der Nacht träume ich von einem Fest mit viel Musik. Meine Tochter hat ein silberfarbenes Kleid an und ihr angetrauter Mann einen silbernen Anzug mit schwarzen Nadelstreifen.

Als ich das am nächsten Morgen beim Frühstück erzähle, lachen sich alle schief.
„Papa, du träumst manchmal komische Sachen," meint Petra.
„Ja, ich habe eben eine blühende Phantasie. Draußen wartet Arbeit auf euch."
„Ist schon klar. Bernhard, das haben wir doch gleich erledigt" meint Petra.
Noch bevor seine Eltern auf den Vorplatz zusteuern, ist der Scherbenhaufen weggefegt.


### Kirchliche Trauung

„Hallo, habt ihr gut geschlafen?" fragt Stephan.
„Na klar, wunderbar. Nach dem gemütlichen Abend gestern."

Chantal sagt: „Ich muss Petras Frisur noch herrichten und ihr dann beim Ankleiden helfen. Das dauert noch etwa eine halbe Stunde."
Als sie fertig ins Wohnzimmer kommt, staunen alle.
„Oh, Petra, kannst du auch damit gehen?" fragt Stephan.
„Nein damit kann ich nicht gehen, damit kann man nur schreiten."

Alle müssen lachen, auch ihr Bruder Daniel, der heute einen Anzug und ein weißes Hemd trägt. Aber ohne Krawatte.
Ich stehe auf.
„Na dann lasst uns aufbrechen. Ich fahre zuerst mein Auto aus der Garage. Stephan, fahre bitte hinter mir her und nimm Daniel mit. Chantal fährt bei mir mit."

Sie muss Petra helfen, mit dem Kleid und dem Schleier ins Auto einzusteigen. Wir fahren in einem langsamen Tempo zur Kirche. Parkplätze gibt es noch genügend, obwohl schon viele Autos da sind. Ich fahre so nahe wie möglich an den Kircheneingang. Wir warten ein Weilchen im Auto. Es ist relativ warm. Bernhard und Chantal gehen hinein. Als ich mit Petra aussteige, schießt der Fotograf ein paar Bilder. Die Tür wird uns aufgehalten und wir schreiten hindurch.

Die Glocken läuten. Mir läuft ein Schauer über den Rücken. Es sind nicht alle Plätze belegt. Die Kirche ist zu etwa einem Drittel gefüllt. Der Priester und der Pfarrer stehen in ihren Talaren am Altar. Die Bankreihen sind mit kleinen Blumensträußen geschmückt. Wir schreiten langsam auf den Altar zu. In der Mitte stehen die beiden Stühle für das Brautpaar. Während wir durch den Mittelgang gehen, stehen alle Gäste auf und schauen uns zu. Bernhard hilft seiner Petra auf den rechten Stuhl und setzt sich neben sie. Ich setze mich neben Chantal. Das Glockengeläut wird leiser, bis es schließlich vollkommen verstummt. Einen Moment herrscht Stille. Nur ein paar Räuspern sind zu hören, ein Baby schreit kurz auf.

Der Priester beginnt: „Liebes Brautpaar, sehr verehrte Gäste, wir haben uns hier versammelt, um das junge Paar in den Stand der Ehe zu begleiten."
„Lasst uns nun das Lied aus dem evangelischen Gesangbuch Nummer 238 singen **Herr, vor dein Antlitz treten zwei,** verkündet der Pfarrer.

Die Orgel setzt ein und viele singen mit, ich auch, alle drei Strophen. Währenddessen schaut meine Frau mich an und ich erkenne ihre Gefühlslage. Blitzlichter des Fotografen sind an verschiedenen Orten zu sehen, weil er kaum stehen bleibt. Der Trauspruch wird verlesen:

**Denn es ist ein köstlich Ding, dass das Herz fest werde**

Der Priester und der Pfarrer halten nacheinander eine kurze Ansprache, die sich auf den gewählten Bibelspruch bezieht. Das Brautpaar soll sich erheben, denn nun beginnt die eigentliche Trauzeremonie, bei der sich der Priester und der Pfarrer abwechseln. Die Ringe werden erneut angesteckt.
    Das Brautpaar küsst sich, nicht lange.

Mir wird warm ums Herz und ich ergreife Chantals Hand.

Der Priester kündigt ein Lied an: „Wir singen nun **Ich bete an die Macht der Liebe.** Die Texte liegen vor Ihnen. Wir singen alle drei Strophen."
    Die Orgel spielt dazu.

*„Ich bete an die Macht der Liebe,*
*die sich in Jesu offenbart,*
*ich geb mich hin dem freien Triebe,*
*mit dem ich treu geliebet ward.*
*Ich will, anstatt an mich zu denken,*
*ins Meer der Liebe mich versenken."*

Der Priester und der Pfarrer stellen sich vor das Brautpaar und segnen es durch Handauflegung.
    „Im Namen des Vaters, des Sohnes und des Heiligen Geistes. Amen."

Die Orgel spielt ein Lied beim Hinausgehen. Der Pfarrer, und der Priester gehen voran, dann das Brautpaar, gleich dahinter gehen meine Frau und ich. Unseren Sohn nehme ich an die Hand. Lisbeth und Stephan gehen dahinter. Der Fotograf ist sehr fleißig. Ich bin gespannt auf die Fotos. Wir kommen zur Eingangstür, an der die Blumenstreu-Kinder mit ihren kleinen Körben links und rechts stehen. Der Priester und der Pfarrer bilden ein Spalier. Viele hundert Blüten werden in die Luft geworfen und vom sanften Wind hochgewirbelt, um dann auf das Brautpaar herabzuschweben. Auf dem Schleier machen sie sich sehr gut. Dort dürfen sie bleiben, bis sie von allein herunter fallen.

Bernhard und Petra müssen viele Hände schütteln und werden einige Male umarmt. Ich gehe zu Stephan, der sich mit dem Pfarrer unterhält und warte, bis ich ihn ansprechen kann.

„Stephan, fahre bitte hinter mir her. Ich werde langsam fahren. Falls wir uns an einer Ampel verlieren, fährst du in den Boulevard St. Martin Nummer 35. Das Lokal heißt *Aubergine*.

„Alles klar, ich werde dir folgen."

Als ich zu meinem Auto komme, ist Bernhard dabei, Petra beim Einsteigen behilflich zu sein. Ich verabschiede mich noch von den Geistlichen, bevor ich ins Auto steige.

### Die Hochzeitsfeier

Dann setzt sich der Autokonvoi langsam in Bewegung. Unterwegs bleiben manche Passanten stehen und schauen uns nach. Einige winken freundlich. Schließlich kommen wir in der *Aubergine* an. Unser Fotograf steht am Eingang und macht unermüdlich seine Fotos.

Unserem Brautpaar werden die Türen aufgehalten, über denen „Herzlich willkommen" steht. Vom Foyer geht es geradeaus in den großen Saal, links zur Küche, rechts zur Garderobe und zu den Toiletten. An der rechten Seite des Saals stehen fünf Tische mit jeweils acht Stühlen, quer zum Fenster gestellt. Ein Tisch ist für die Geschenke vorgesehen. Auf jedem der weiß gedeckten Tische stehen schlanke Kerzen und Blumensträuße in verschiedenen Farben. An der Stirnseite haben die Musiker ihre Instrumente aufgebaut. Der Rest ist Freifläche zum Tanzen. Das Bedienungspersonal in weißen Schürzen steht auf der linken Seite.

Ich gebe eine kurze Erklärung:
„Liebe Gäste, ich freue mich, dass wir heute hier die Hochzeit meiner Tochter Petra mit ihrem frisch angetrauten Ehemann Bernhard feiern dürfen. Nun könnt ihr eure Plätze suchen, denn es gibt eine Sitzordnung."

Für das Brautpaar, die Eltern und für Daniel ist der erste Tisch vorgesehen. Ein Stuhl bleibt frei für einen Geistlichen, wenn er denn kommt. Als alle ihren Platz gefunden haben, wird eine Hochzeitssuppe aufgetragen. Als Hauptspeise gibt es wahlweise Sauerbraten oder Gulasch mit Salzkartoffeln und Rotkohl. Eine rote Grütze mit Vanillesoße bildet den Abschluss des Essens.

Nun haben die Raucher Zeit, an der frischen Luft ihrem Laster zu frönen. Ich gehe auch an die frische Luft, aber weit weg von den Glimmstängeln. Wen treffe ich hier?
„Hallo Patrick, schön, dich zu sehen."
„Ganz meinerseits" antwortet er. „Darf ich dir meine Verlobte vorstellen? Sabine, das ist mein Cousin Vincent, der Dirigent."
„Ich habe von Ihrem Auftritt in der neuen Pariser Philharmonie gelesen. Es wurde sehr positiv darüber geschrieben. Ende März war es" sagte Sabine.
„Liebe Sabine, sagen Sie doch einfach *du* und *Vincent* zu mir. Was macht ihr? Wo wohnt ihr?"

„Wir haben südöstlich von Paris, in Saint-Maurice einen Pferdehof. Das macht uns beiden großen Spaß. Mit dem Reitunterricht und den Ausritten, die wir anbieten, verdienen wir so viel, dass wir davon leben können. Außerdem reite ich gerne und Sabine auch" sagt Patrick.

„Ich habe es nicht so mit dem Reiten, kenne aber einige Pferderassen. Welche Art Pferde habt ihr und wie viele?"

„Für Kinder und Jugendliche haben wir die Islandpferde. Ich selbst reite am liebsten den Araber, der ist so sensibel. Sabine nimmt einen Irish Hunter, wenn wir zusammen ausreiten. Insgesamt sind es 11 Pferde. Ein Hengst ist darunter. Dann haben wir noch eine Einspänner-Kutsche."

„Das hört sich so wunderbar an. Wie sieht es mit eurer Beziehung aus? Habt ihr auch vor, zu heiraten?"

„Ja, das haben wir, aber damit lassen wir uns noch ein wenig Zeit. Du wirst rechtzeitig informiert und natürlich mit deiner Familie eingeladen", sagte er.

„Ich will mal rein gehen und sehen, ob die Musiker schon spielen," mit diesen Worten gehe ich in den Saal. Die Instrumente stehen allein auf der Bühne. Petra und Bernhard kommen auf mich zu.

„Papa, sieh Dir mal den Geschenktisch an, wie voll der ist. Wir haben noch keine Zeit zum Auspacken gehabt" sagt sie.

Bernhard meint, es sei an der Zeit, dass die Musiker spielen.

„Ich möchte den Hochzeitstanz mit Petra machen" sagt er.

Ich schaue mich um und sehe die Musiker in einer Ecke stehen. Ich gehe zu ihnen.

„Spielt bitte einen langsamen Walzer für das Brautpaar."

Als Petra und Bernhard in der Saalmitte stehen, beginnt die Musik. Der Fotograf und alle Gäste bilden einen großen Kreis. Beide drehen sich wie in Zeitlupe und werden mit sanftem Beifall bedacht. Danach tanzt Chantal mit unserem frisch gebackenen Schwiegersohn und während ich mit meiner Tochter tanze, rufe ich in den Saal:

„Liebe Gäste, die Tanzfläche ist jetzt für alle frei."

Jungen und Mädchen verschiedenen Alters laufen und tanzen auf ihre eigene Weise zwischen den erwachsenen Tanzpaaren. Von unserem Stammtisch aus genieße ich es, dem bunten Treiben eine Weile zuzuschauen, und sehe Daniel, wie er mit seiner Freundin Friederike tanzt. Beide haben vor einigen Wochen einen Tanzkurs gemacht. Standardtänze.

Plötzlich kommt mein Patenonkel Paul mit seiner Frau auf mich zu und reißt mich aus meinen Gedanken.
„Hallo Vincent, du hast noch keine Rede gehalten."
Daraufhin schaue ich zu Stephan hinüber, der gerade von der Tanzfläche kommt und sich setzt.
„Stephan, hast du Lust, eine Rede zu halten?"
„Wann denn?" fragt er.
„Das ist mir egal. Mein Patenonkel hat mich gerade darauf aufmerksam gemacht. Ich hätte es glatt vergessen. Vielen Dank Onkel Paul."
„Keine Ursache" sagt er, nickt allen zu, die am Tisch sitzen und stellt seine Frau vor.
„Das ist Regina."
Ich überlege kurz, ob ich die beiden an unserem Tisch haben möchte. Meine Entscheidung fällt schnell.
„Nehmt euch noch einen Stuhl und setzt euch zu uns", sage ich.
„Gerne."

„Vincent" sagte Stephan „ich habe eine kleine Rede vorbereitet. Sag mir, wenn der rechte Zeitpunkt gekommen ist."

Seine Frau nickt mir zu. Die Musiker spielen leise Melodien, so dass sich die Gäste gut dabei unterhalten können. Das Personal läuft mit Kaffeekannen und Kuchentellern von der Küche zu den Tischen. Gedeckten Apfelkuchen, Donauwelle und Glasschalen mit Schlagsahne sehe ich.
„Bevor Sie mit dem Kaffee trinken beginnen, muss das Brautpaar die Hochzeitstorte anschneiden," ruft der Küchenchef in den Saal und stellt die dreistöckige Torte auf den Tisch vor Petra. Sie steht auf und bekommt ein großes Messer in die Hand, mit dem sie das Prachtstück in 12 Teile schneidet. Auch diese Aktion hält der Fotograf mit seiner Kamera fest. Ich nehme einen Kaffeelöf-

fel und schlage damit gegen eine leere Tasse. Alle verstummen. Ich stehe auf und sage:

„Es ist an der Zeit, dass wir unsere Aufmerksamkeit einem Redner zuwenden."

Stephan holt seinen Zettel aus der Anzugsjacke und schaut zunächst in alle Richtungen, als wenn er die Gäste zählen will.

„Liebe Petra, lieber Bernhard, sehr verehrte Gäste. In den letzten Tagen habe ich diese Rede geschrieben, die ich in den Händen halte. Die lege ich auf den Tisch, denn ich weiß auch so, was wichtig ist, hier zu sagen. Vor etwas mehr als zwei Jahren habt ihr euch in dem Orchester kennengelernt und ward sehr verliebt. Das konnte man spüren. Doch verliebt sein ist noch keine Liebe. Das habt ihr auch gemerkt. Ihr habt kleine Aufs und Abs gehabt und dabei ist eure Liebe gewachsen. Eine Liebe entsteht wie eine Brücke. Jeder fängt von seiner Seite an zu bauen, bis sich die Bauleute in der Mitte treffen. Dann ist die Brücke fertig. So baut man eine Ehe auf. Sie muss so stabil sein, dass sie Lasten tragen kann, dass sie ein heranwachsendes Kind begleiten kann. Denn es dauert nicht lange, dann steht ihr vor dieser Aufgabe, gute Eltern zu sein."

Bei mir und Chantal kommen die ersten Tränen der Rührung. Nicht nur bei uns, sehe ich gerade. Stephan spricht weiter:

„Beide haben sich eine Wohnung gesucht und eingerichtet. Was ich bei den beiden immer wieder beobachtet habe, dass sie sich schnell einig sind, wenn Entscheidungen anstehen. Euch beiden wünsche ich viele glückliche Tage und Jahre. Ich freue mich, dieses besondere Ereignis mit euch feiern zu dürfen."

Beifall kommt von den Gästen und vom Personal, welches auch zugehört hat.

„Stephan, das hast du prima gemacht. Einfach so. Lass mal sehen, was auf deinem Zettel steht."

Ich darf den Zettel nehmen und lese etwas ganz anderes, als das, was er gesagt hat.

„Zerreiß den Zettel sofort und wirf ihn in den Papierkorb."

Das mache ich gleich. Dann genieße ich den Kaffee und ein Stück Donauwelle und setze mich an den Nachbartisch, an dem meine Eltern und die Eltern von Chantal sitzen.

„Papa, wie geht es dir?"

„Ach, Vincent, mir geht es ziemlich gut. Jeden Tag nehme ich brav mein Medikament. Vorhin habe ich sogar mit Lisbeth getanzt."

Die Zeit schreitet voran. Auf den Tischen stehen Flaschen mit verschiedenen Alkoholika. So manch einer hat ein paar Gläschen geleert. Die Stimmung im Saal steigt, und es wird lauter. Ein Musiker kündigt eine Polonaise an. Daraufhin gehen ein Paar Gäste auf die Tanzfläche und stellen sich in eine Reihe auf. Es werden immer mehr.

„Kommt alle mit" sage ich und fasse meine Tochter an der Hand. Wir gehen mit lockerem Tanzschritt quer durch den Saal und winken den Sitzenden zu.

„Kommt auch!" rufe ich ihnen zu. Sie kommen. Wir haben alle unseren Spaß.

Kurz vor Mitternacht wird Petra in die Saalmitte gebeten.

„Liebe Petra" sagt Chantal zu ihr und kommt mit einer großen Schere.

„Jetzt brauchst du den Schleier nicht mehr. Jeder bekommt ein Stück davon. Ihr dürft auch etwas abreißen, aber seid vorsichtig. Petra, du musst deine Frisur festhalten."

Ich gehe auch hin und lasse mir ein großes Stück abschneiden. Ohne Schleier sieht Petra etwas anders aus. Sie lächelt. Das Fest geht bis um 4 Uhr morgens. Einige haben sich schon verabschiedet und den Saal leerer zurückgelassen.

Petra kündigt den Blumenstraußwurf an. Die jungen, ledigen Frauen stellen sich hinter sie. Wer wird als nächstes heiraten?

denke ich. Petra schaut kurz nach hinten und wirft die Blumen im hohen Bogen über sich. Eine Frau im roten Kleid fängt ihn und lacht laut.

„Petra, kannst du mir auch noch einen passenden Mann über die Schulter werfen?"

Es gibt ein großes Gelächter.

„Das kann ich leider nicht. Schau dich einfach um, dann wird es schon klappen."

„Danke für den Tipp."

Ich finde, es ist Zeit, das schöne Fest zu beenden. Mit meinem Auto fahren will ich nicht, dazu habe ich zu viele Schnäpschen getrunken. Der Küchenchef soll uns ein Taxi rufen. Dort stehen schon mehrere Menschen und haben den gleichen Wunsch. Also muss man warten. Ich nutze die Zeit und bedanke mich bei den Musikern.

„Ihr habt wunderbar gespielt. "

Petra und Bernhard bringen ihre Geschenke in Stephans Auto. Der kann scheinbar noch fahren. Ich verabschiede mich von meiner Tochter, von Bernhard und seinen Eltern. Bei der Umarmung mit Petra kommen mir die Tränen. Sonst sind wir immer zusammen nach Hause gefahren, und nun fährt sie mit ihrem Mann in die eigene Wohnung. Petra bemerkt meine Gefühle und sagt, „Papa, ich bin doch nicht weit weg. Du kannst mich ja mit Mama morgen Nachmittag besuchen."

„Das ist eine gute Idee. Das werde ich machen. Daniel werden wir auch mitbringen."

Nun kann ich sie loslassen.

Die Taxis kommen und wir steigen ein. Zu Hause angekommen, geht es gleich Richtung Bett, obwohl es schon langsam anfängt, hell zu werden.

„Was machen wir mit Petras Zimmer?" fragt Chantal.

„Das soll noch ihres bleiben, eine Zeit lang. Lass uns morgen darüber sprechen, wenn wir bei Petra sind."
„Ja, das ist gut. Ich wünsche dir eine gute Nacht."

Beim Aufwachen am nächsten Morgen merke ich, dass ich einen leichten Kater habe. Meine Frau dreht sich zu mir um.
„Guten Morgen. Hast du gut geschlafen?" fragt sie und reibt sich dabei die Augen.
„Ja, ich habe wunderbar geschlafen und etwas Merkwürdiges geträumt."
„Was denn?" fragt sie.

„Ich habe geträumt, dass wir beide mit Petra und Bernhard auf einem Fest waren. Bernhards Eltern waren auch dort. Gefeiert wurde die Hochzeit von Patrick und Sabine. Die beiden, die gestern von ihrem Pferdehof erzählt haben."
„Ja, ich erinnere mich."
„Alles war schön. Gefeiert wurde im Garten. Die Sonne schien. Mit einem Mal stöhnte Petra, die an unserem Tisch saß. Ich fragte, was los sei. Sie sagte, sie habe Wehen, ganz plötzlich. Soll ich einen Arzt rufen? fragte ich sie. Sie sagte nichts. Ich ging zu Patrick und fragte ihn, wo das nächste Krankenhaus ist. Es ist drei Kilometer entfernt. Warum fragst du? Petra hat Wehen. Ich werde einen Krankenwagen anfordern. Kurz und gut, der Krankenwaren kam. Petra wurde hineingetragen und wir beide fuhren mit. Im Traum ist ja alles möglich. Dort mussten wir im Flur warten, bis ein Arzt kam und sagte, Sie können hinein gehen. Petra strahlte uns an. Es ist ein Mädchen. Wir waren uns einig, dass wir es Eleonore nennen."

„Welch ein schöner Name. Und wo war Bernhard?"
„Der wollte später nachkommen. Ja, das war ein Traum."
„Komm, lass uns aufstehen und frühstücken."
„Ja, ich will mich nur noch rasieren."
Nach dem Frühstück fahren wir zu unserer Tochter zum Mittagessen in ihre neue Wohnung.

„Hallo, kommt herein, Petra ist in der Küche und bereitet das Mittagessen vor."

„Dann will ich sie mal begrüßen", sage ich und gehe zu ihr.

„Meine Kleine, wie war eure erste Nacht in der neuen Wohnung?"

Sie steht am Herd, dreht sich zu mir um.

„Sag nicht Kleine zu mir. Unsere Nacht war kurz."

„Ist ja gut. Ich werde nie wieder Kleine zu Dir sagen."

„In 20 Minuten ist das Essen fertig."

Ich gehe wieder ins Wohnzimmer und schaue mir die Bilder an den Wänden an. Große Kunstdrucke von Monet und Picasso. Meine Frau ruft vom Balkon:

„Ich bin dafür, dass wir auf dem Balkon essen."

„Na gut" sagt Petra, „dann helft bitte, die Sachen hinaus zu tragen. Hier ist ein Tablett."

Während sich jeder Kartoffeln und grüne Bohnen auf den Teller nimmt, sagt Chantal zu mir:

„Schatz, erzähl doch bitte deinen Traum von letzter Nacht. Er ist nämlich Weltmeister im Träumen."

„Das wissen wir schon. Papa erzähl."

Bevor ich anfange zu essen, erzähle ich:

„Also, wir alle waren zur einer Hochzeit bei Patrick und Sabine eingeladen, saßen im schönen Garten bei schönem Sonnenschein. Da fingst du, Petra, mit einem mal an zu stöhnen, bekamst Wehen. Ich rief den Krankenwagen."

Meine Zuhörer können auch nicht essen, stierten mich gebannt an, was jetzt wohl kommen würde.

„Du wurdest ins Krankenhaus gefahren. Deine Mutter und ich fuhren mit. Bernhard wollte später nachkommen. Dort hast du eine Tochter geboren. Wir haben sie Eleonore genannt."

„Ach du meine Güte," rief Petra, und wir lachten alle so laut, dass die Nachbarn auf ihren Balkon traten und herüber schauten.

„Wir sind die Neuen" ruft Petra hinüber. „Seit gestern heiße ich Friedrichs-van Delft."

„Angenehm, wir sind die Schuhmachers" ruft der Nachbar herüber.
„Und viel Glück für Ihre frische Ehe."
„Danke."
Nun, nachdem wir zu Ende gelacht hatten, konnten wir das Essen genießen. Es war schon etwas kalt geworden, hat aber noch sehr gut geschmeckt. Bevor das Geschirr abgeräumt wurde, fragte ich Petra:
„Wie ist es wirklich mit Deinem Befinden in dieser Zeit?"
„Mir geht es gut. Ich gehe regelmäßig zur Frauenärztin, so wie es im Mutterpass steht. Ich hatte noch keine Wehen. Wenn es ein Mädchen wird, könnten wir es Eleonore nennen. Was meinst du, Bernhard?"
„Ja, ich bin einverstanden."
„Wir Männer können ja auch das Geschirr in die Küche tragen und den Nachtisch heraus bringen," sagte ich.
„Papa, das ist eine gute Idee. Es gibt Vanillepudding."
„Habt ihr eure Geschenke schon ausgepackt?"
„Nein, noch nicht. Aber ihr könnt uns nachher dabei helfen."
„Ja, das machen wir. Nicht wahr, Chantal?"
Meine Frau nickt und verspeist dabei genüsslich ihren Vanillepudding. Nach dem Essen räumen wir Männer, einschließlich Daniel, die Spülmaschine ein.

„Jetzt sind die Geschenke dran" sagt Petra, „wir nehmen zuerst die Umschläge, schauen, was darin ist und schreiben es oben drauf, damit wir uns hinterher bei den Gönnern bedanken können. Wenn Geld drin ist, bitte die Summe auf den Umschlag schreiben und hier in diesen Karton legen."

„Wird gemacht" sagt Daniel und nimmt sich den ersten Umschlag, „der ist von deinem Patenonkel Paul."
Als alle Umschläge geöffnet sind, zählte Bernhard das Geld.
„Achthundert Euro sind es. Na, wunderbar. Petra, bring es bitte in unseren kleinen Geld-Safe."
„Nun lass uns mal die Geschenke auspacken"sagte Petra.

Was kam da alles zum Vorschein: eine Espresso Maschine, ein Gutschein für einen Tango-Kurs, Bettwäsche, gleich drei Mal, und was für ein Muster, ein sechsteiliges Kaffeeservice, Bücher *Wie führen wir eine gute Ehe?*, ein Buch über Balkonpflanzen, und ein paar CDs.

„Ich mache Kaffee und jemand kann den Kuchen raus tragen, der gestern vom Fest übrig geblieben ist" war Petras Vorschlag.

„Das ist eine feine Idee"sagte meine Frau und verschwand in der Küche, um den Kuchen zu holen. Beim Kaffee redeten wir über diese und jene Kuriosität während der Hochzeitsfeier. In den folgenden Tagen und Wochen war ich mit meinen Gedanken oft bei Petra und Bernhard. Wenn ich heim kam, fehlte sie mir. Um das zu überwinden, konzentrierte ich mich auf unsere Proben.

Was habe ich in der letzten Zeit alles erlebt? Es war viel, sehr viel: die Europa Tournee, im Anschluss die Gartenfeier, Petras Hochzeit mit den vielen Gesprächen. Mir fällt auf, dass ich zu sehr in Aktion war. Es fehlt mir die innere Ruhe. Morgen werde ich bei gutem Wetter in den Wald gehen, ganz allein, nur mit meinen Gedanken. Jeder Mensch braucht so eine meditative Einkehr, um in seiner Mitte zu sein. Diese Waldluft tief einzuatmen und dabei den Gesängen der Vögel zu lauschen, ist die beste Medizin gegen den hektischen Alltagsstress.

# Proben für die Messe
# in C-Moll von Robert Schumann

Für den letzten Dienstag im Juli rief ich den Chor zur Probe zusammen. Die Proben mit dem Orchester sind immer am Donnerstag. Was mag ich lieber? Das kann ich gar nicht sagen. Beides mache ich gerne. Vor dem Einsingen wollten viele wissen, wie denn die Hochzeitsfeier war.

„Darüber können wir nach der Probe im Clubraum sprechen. Jetzt wollen wir das Stück üben, denn wir wollen es doch aufführen und zwar am 15. August."

Im Clubraum bitte ich die Musiker, die bei der Hochzeitsfeier gespielt haben, ihre Eindrücke zu erzählen. Das ist besser, als wenn ich es tue.

Am Donnerstag bei der Orchesterprobe fehlten zwei wegen Krankheit. Das ist nicht schlimm, üben kann man trotzdem. In der verbleibenden Zeit bis zur Aufführung ließ ich den Chor und das Orchester zusammen proben, damit sie sich aufeinander einstellen. Am Vormittag des Aufführungstages hatten wir unsere Generalprobe in der Pfarrkirche. Natürlich mit den Solisten. Sie verlief sehr gut. Ich war zufrieden.

„Wenn es morgen Abend auch so gut wird, haben wir schon die Hälfte gewonnen," sagte ich beim Auseinandergehen.

## Aufführung der Messe in c-moll von Robert Schumann am 15. August in der Pfarrkirche Saint-Paul Saint Lois

Ich freue mich besonders, das Werk in der Kirche aufzuführen, wo meine Tochter ihren kirchlichen Segen für die Ehe erhalten hat. Wir treffen uns im Künstlerpausenraum. Ich bin entspannt und zuversichtlich. Als wir den Kirchenraum betreten, sehe ich, dass der Raum voll besetzt ist. Das habe ich immer gerne. Meine und Chantals Eltern und die Eltern von Bernhard sitzen im Publikum. Außerdem Daniel und Friederike. Ein Beifall umfängt uns.

Jetzt kommen mir die schönen Erinnerungen an die Hochzeitszeremonie und mir kommen die ersten Zweifel, ob es eine gute Idee ist, hier zu spielen. Vielleicht driften meine Gedanken während des Dirigierens ab zu dem Ereignis vor vier Wochen. Ach was. Ich werde mit meinen Gedanken bei der Arbeit sein. Hinterher kann ich mich in die Vergangenheit zurückversetzen.

Ich stehe auf dem Pult. Das Publikum wird ruhig. Ich hebe den Taktstock und beginne:

„Kyrie eleison …"

Dann das „Gloria" und alle weiteren Teile. Ich staune, wie es mir gelingt, das Orchester und den Chor im Blick zu haben. Ich habe ein Gespür dafür, wie unsere Musik beim Publikum ankommt.

Ich kann nicht sagen, woran ich es messen kann. Man kann es nicht messen. Ich habe einfach ein äußerst feines Empfinden für positive Schwingungen.

Und so ist es am Schluss. Das Publikum ist begeistert. Ein brausender Applaus und „Bravo" Rufe höre ich. Meine anfängliche Befürchtung war überflüssig. Ich verneige mich, dann der Chor und das Orchester. Die Blumen, die ich bekomme, schenke ich meinen Schwiegereltern.

Meine Familie, hier nenne ich sie schon Großfamilie, muss sich erst finden, damit wir zusammen essen gehen können. Bei einem Italiener habe ich einen großen Tisch reservieren lassen. Als wir nach dem Bestellen auf das Essen warten, werden mir einige Komplimente gemacht.

„Papa, du hast zwar die Leitung und die Verantwortung für das Gelingen, aber Spielen und Singen, das machen wir," meint Petra.

„Da hast du vollkommen recht, meine Tochter. Diesen Gedanken habe ich auch immer wieder. Es ist ein Zusammenspiel mit euch."

Dem stimmen alle zu.

Als die Speisen aufgetragen werden, verstummt das Gespräch. Ich esse eine Lasagne, die sehr heiß ist, aber wunderbar schmeckt. Daniel sitzt neben mir und sagt, dass er gerne bei seiner Freundin Friederike übernachten möchte. Dieser Wunsch von ihm kommt mir jetzt sehr überraschend. Ich überlege, bevor ich etwas dazu sage.

„Daniel, darüber werden wir zu Hause mit deiner Mutter sprechen. Im Prinzip habe ich nichts dagegen, aber heute Abend kommst du mit nach Hause."

„Ja, das ist gut," antwortet er.

Die Anderen haben unser Gespräch nicht mitbekommen. Die waren mit sich beschäftigt. Als wir vom Restaurant ins Freie treten, bemerke ich, dass heute Vollmond ist. Eine umständliche Verabschiedung mit Umarmungen dauert ihre Zeit und ist nicht zu unterschätzen.

# Daniel und Friederike

Endlich liegen meine Frau und ich im Bett.

„Chantal, Daniel hat mir vorhin beim Essen gesagt, dass er gerne bei Friederike übernachten möchte."

„Was hast du geantwortet?"

„Das ich es mit Dir besprechen will."

„Das ist vernünftig. Wir beide müssen darüber einer Meinung sein, dann können wir mit ihm reden. Wir sollten die Eltern von Friederike zu uns einladen und gemeinsam überlegen, was wir erlauben wollen."

„Das ist das allerbeste. Willst du sie einladen?"

„Dann brauche ich die Telefonnummer."

„Die kann Daniel dir geben."

„Na gut, dann lade ich sie zum Kaffee für den kommenden Sonntag ein."

„Sehr schön, mein Schatz. Gute Nacht."

Am nächsten Tag wollte Daniel wissen, was wir entschieden haben. Ich sagte ihm, dass wir die Eltern von Friederike einladen, um darüber zu sprechen. Das fand er eine gute Idee.

„Papa, ich möchte einen Moped-Führerschein machen. Bezahlt ihr den?"

„Ja, das kann ich alleine entscheiden. Du kannst dich zur Fahrschule anmelden. Wir werden es bezahlen."

„Danke, Papa."

„Wie alt ist Friederike?"

„Am 9. September wird sie sechzehn."

Daniel meldete sich bei einer Fahrschule an, obwohl er erst am 17. Oktober sechzehn wird. Von der ersten Unterrichtsstunde brachte er ein kleines Buch mit und lernte damit zu Hause gleich die Verkehrszeichen. Er ist eben mein Sohn, der nichts vor sich her schiebt, sondern sofort aktiv wird. Meine Frau ist da etwas anders. Sie erledigt das Anstehende in den nächsten Tagen, und trotzdem ergänzen wir uns gut. Die Schneiders wurden eingeladen, ohne Friederike. Das war so besprochen. Herr Schneider überreicht meiner Frau einen Blumenstrauß.

„Kommen Sie rein," bitte ich sie.

Chantal sucht eine passende Vase und fragt, ob sie Tee oder Kaffee wünschen.

„Wir trinken beide Kaffee," sagt Frau Schneider.

„Ich gehe mit den Gästen ins Esszimmer, während Chantal in der Küche den Kuchen und den Kaffee zubereitet.

„Friederike schwärmt so von Ihrem Sohn" beginnt Frau Schneider das Gespräch."

„Anders herum ist es genau so" antworte ich.

„Meine Frau kommt mit dem Teewagen herein und stellt alles auf den Tisch. Greifen Sie zu, der Kuchen ist selbstgebacken."

„Das, was sich zwischen unseren Kindern entwickelt, sollten wir erst nehmen und uns darüber freuen."

„Da bin ich ganz ihrer Meinung" Herr Schneider, „wir waren doch auch einmal jung und haben uns verliebt. Nun ist es so, dass Daniel bei Ihnen im Haus übernachten will. Auf den Punkt gebracht heißt das, dass sie miteinander schlafen wollen."

„Mein Mann und ich haben nichts dagegen, wenn die beiden uns versprechen, dass sie ganz klar wissen, wie sie eine Schwangerschaft verhüten. Außerdem haben sie in der Schule einen Aufklärungsunterricht gehabt. Wir wollen nicht, dass unsere Tochter die Pille nimmt."

„Das ist ja in Ordnung. Dann werde ich Daniel sagen, dass er sich Präservative besorgen soll. Das ist doch ganz einfach. Wollen wir eine Begrenzung machen, wie häufig sie sich gegenseitig besuchen?"

„Zu Anfang finde ich einmal in der Woche genug," meint Frau Schneider, „wobei es sich so nach Maßregelung anhört. Es wird sich zeigen, wie gut sie damit zurecht kommen. Dann kann man ja auch mehr erlauben und sehen, ob ihre Beziehung sich noch vertieft."

„Das wird es bestimmt, kann ich mir denken. Bei aller Freiheit sollten sie ihr Lernen in der Schule und zu Hause nicht vernachlässigen" meinte ich.

„Das ist doch selbstverständlich," sagte meine Frau, „möchten Sie noch ein Stück Kuchen?"
„Ja, gerne. Der schmeckt so gut."
„Haben Sie weitere Kinder?" wollte ich wissen.
„Ja, wir haben noch eine Tochter. Irina. Sie ist gerade dreizehn geworden."

Wir plauderten noch eine Weile über dies und jenes, bis sie sich von uns mit den Worten verabschiedeten: „Dann können wir unseren Kindern eine gute Nachricht bringen."

In dem Augenblick kam Daniel die Treppe herunter. Er hatte wohl mitbekommen, dass Friederikes Eltern gehen wollen.
„Hallo, Du musst Daniel sein" sagte Frau Schneider.
„Ja, der bin ich."
„Schön, dass wir dich noch sehen. Es ist bestimmt kein Zufall, dass Du jetzt herunter kommst. Deine Eltern werden dir erzählen, was wir besprochen haben."
Beim Verabschieden sagte Daniel:
„Bestellen Sie bitte einen schönen Gruß an Friederike."
„Das machen wir" sagten beide beim Hinausgehen.

Sollen wir es ihm gleich sagen? fragte ich mich. Meine Frau nickte mir zu, als wenn sie meine Gedanken lesen kann.
„Natürlich sagen wir es ihm jetzt" sagte sie.
„Daniel komm bitte ins Wohnzimmer. Du bist doch bestimmt gespannt, was wir gerade besprochen haben."
„Na klar."

Chantal fing an: „Papa und ich sind uns mit den Schneiders einig darüber, dass du bei Friederike übernachten darfst."
„Wann denn?" wollte er wissen.
„Das haben wir nicht festgelegt. Das könnt ihr beide entscheiden."
„Das ist ja wunderbar, dann werde ich sie gleich anrufen und es mit ihr ausmachen."

„Mal langsam, Daniel" sagte ich, „es gibt schon Bedingungen. Die erste ist, dass ihr es mit der Verhütung genau nehmt. Am besten, Du kaufst ein paar Präservative."
„Das werde ich machen."

„Dann gibt es noch eine zweite Bedingung. Du darfst die Schule nicht vernachlässigen und die Hausaufgaben auch nicht."
„Das verspreche ich," sagte er. „Darf ich jetzt anrufen?"
„Warte noch," sagte meine Frau.
„Eins möchte ich dir noch sagen. Wenn du das erste mal mit ihr schläfst, solltest du langsam und behutsam sein. Es kann sein, dass es ihr zu Anfang weh tut, denn sie ist bestimmt noch eine Jungfrau."
„Mama, ich werde sehr zärtlich zu ihr sein. Ich danke euch."
„Jetzt darfst du sie anrufen."

Und schon sauste er die Treppe hinauf, um ihr seine Neuigkeiten zu erzählen. Nach einigen Minuten kam er herunter.
„Wir haben ausgemacht, dass ich heute zu ihr fahre. Ich werde mit meinem Fahrrad fahren und meinen Schlafanzug und Zahnputzzeug mitnehmen. Außerdem meine Schulsachen. Auf dem Weg muss ich die Präservative in einer Apotheke kaufen."
„Dann wünschen wir euch beiden viel Spaß. Bis morgen Nachmittag" sagten wir beide.

Daniel packte seine Sachen und fuhr los. Meine Frau und ich schauten uns an und mussten schmunzeln. Wie war es eigentlich bei meinem ersten Mal, überlegt ich. Ich war damals einundzwanzig …

Am Montagnachmittag wollte ich von Daniel wissen, wie seine erste Nacht mit Friederike war. „Papa, es war wunderschön. Wir haben zu erst alle zusammen Abendbrot gegessen, dabei habe ich ihre kleinere Schwester kennengelernt. Wir gingen ziemlich früh in ihr Zimmer und haben die Tür verschlossen. Es war spannend, sie so zu sehen, wie sie wirklich ist. Wir haben uns ganz langsam angenähert. Es war einfach wunderbar. Danach haben wir beide sehr gut geschlafen. In der Schule gingen meine Gedanken manchmal zu dem, was ich mit ihr erlebt habe. Sie sagte mir noch vor dem Einschlafen, dass es ihr sehr gut gefallen hat, wie ich so vorsichtig mit ihr war. Wann wir das nächste Mal miteinander schlafen wollen, weiß ich noch nicht. Ich sagte ihr, dass sie doch zu mir kommen soll."

„Ja das finde ich auch in Ordnung."

Ende Oktober hat Daniel seine Moped-Führerschein-Prüfung bestanden. Wir haben ihm ein geeignetes Moped gekauft. Damit kann er nun zu Friederike und auch zur Schule fahren.

# Schwangerschaft, Geburt und Taufe

In den Momenten, in denen ich mal zur Ruhe komme, wird mir klar, dass ich bald Großvater werde und meine Frau Großmutter. Das wird noch in diesem Jahr sein. Wahrscheinlich im November. Petra sagte mir, dass sie zu den Vorsorgeuntersuchgen geht, wie sie im Mutterpass stehen. Sie und Bernhard haben ein Geburtshaus ausgesucht, wo die Geburt sein soll. Eine Kinderärztin haben sie auch schon. Sie heißt La Grange. Petra muss jetzt Umstandskleidung tragen.

Wir haben beide zu einem Mittagessen zu uns eingeladen.
    Am Sonntag hat Chantal einen Kartoffelauflauf zubereitet. Daniel und Friederike sitzen auch mit am Tisch. Ich helfe beim Auftragen des Geschirrs. Bevor wir anfangen zu essen spreche ich ein kurzes Gebet und sage:
    „Guten Appetit. Petra, bist du dir sicher, dass du ein Kind bekommst?"
    „Natürlich, Papa, was soll diese Frage?"
    „Ich meine, es könnten doch auch Zwillinge sein, bei Deiner Figur."
    „Daran habe ich noch gar nicht gedacht," sagt sie. „Wenn es so wäre, wie du sagst, dann hätte mir die Frauenärztin etwas sagen müssen."
    „Das meine ich auch," sagt Chantal.
    „Bei der nächsten Untersuchung werde ich danach fragen."

„Schmeckt euch denn mein Kartoffelauflauf?"
    „Ja, der ist fantastisch" sagt Friederike als erste. Wir Anderen sind der gleichen Meinung.
    „Petra, du musst jetzt für Zwei essen" sage ich, weil das so eine gängige Meinung ist.

„Es gab eine Zeit, da war es wirklich so. Seit einiger Zeit kann ich nicht so viel essen, weil nicht genügend Platz in meinem Bauch ist" sagt Petra.

„Hast du den Notfallkoffer schon gepackt, Petra? Ich weiß noch, wie es damals bei mir war, als ich mit Dir schwanger war. Den kleinen Koffer hatte ich einige Wochen vorher fertig im Schlafzimmer stehen. Gebraucht habe ich ihn dann aber nicht, denn es ist alles nach Plan gelaufen."

„Und wie war es mit mir damals?" wollte Daniel wissen.

„Bei Dir hatte ich ja schon Erfahrung, das war dann einfacher. Es gab keine Komplikationen. Wir hatten ein kleines hölzernes Hörrohr, damit konnte dein Vater deine Herztöne hören."

„Daran kann ich mich noch gut erinnern. Das war spannend."

„Habt ihr das noch?" fragte der neugierig gewordene Bernhard.

„Ja, das müssten wir noch haben. Vincent, wo könnte es sein?"

„Ich meine es liegt in der Schublade meines Nachtschränkchens. Ich werde gleich mal nachsehen."

Als wir mit dem Essen fertig waren, ging ich nach oben ins Schlafzimmer, zog die Schublade heraus, wo ich das Hörrohr vermutet hatte. Und tatsächlich, dort lag es. Freudestrahlend ging ich damit zu Bernhard.

„Hier ist es. Dieses Ende musst du ans Ohr halten und mit dem anderen tastest du ihren Bauch ab, bis du die Herztöne hörst. Ich schenke es dir."

„Vielen Dank. Heute Abend werde ich es probieren."

„Habt ihr denn schon Babykleidung gekauft?" wollte ich wissen.

„Na klar, und eine Wiege haben wir auch, und eine Wickelkommode."

„Na dann seid ihr ja gut vorbereitet."

„Petra, sag mir Bescheid, wenn es so weit ist."

Mit diesen Worten verabschiedete ich mich von den beiden.

Bei einem anderen Treffen in ihrer Wohnung erzählten beide stolz, dass sie an einem Geburtsvorbereitungskurs teilnehmen

und auch einen Babywickelkurs besuchen. Es dauerte ein paar Wochen, bis Bernhard mich anrief:
„Vincent, es ist soweit, wir fahren jetzt ins Geburtshaus."
Das hat in mir eine Freude aufkommen lassen. Ich würde gerne bei der Geburt dabei sein. Aber es ist eine Angelegenheit der Eltern. Wahrscheinlich würde ich nur stören. Wenn es geboren ist, werde ich hin fahren.

Bernhard ruft mich am Freitagvormittag an. Es ist der 17. Oktober.
„Gestern Nacht ist unsere Tochter geboren. Sie heißt Eleonora."

Ich bin stolz, dass sie meinen Vorschlag ernst genommen und umgesetzt haben. Seine Stimme klang noch verschlafen.
„Es war bestimmt anstrengend" denke ich.
„Herzlichen Glückwunsch. Wie geht es Petra?"
„Ihr geht es gut, wobei sie auch müde ist, genau wie ich. Um die Mittagszeit kommt die Hebamme. Ihr könnt uns Sonntagnachmittag zum Kaffee besuchen. Am Montag werden meine Eltern kommen."
„Gut, dann bis übermorgen, und einen schönen Gruß an Petra."

Ich erzähle Chantal von der Verabredung, und rufe meine Eltern an, denn sie wissen noch nichts von dem glücklichen Ereignis. Beim Mittagessen erzähle ich Daniel von der Einladung und dass er dieses Mal nicht mitkommen kann, weil die junge Familie im Moment etwas Ruhe braucht. Er hat Verständnis dafür.
„Du kannst ja zu Friederike fahren."
„Ja klar, das mache ich."

Am Sonntag fahren wir zu meiner Tochter. Vorher hilft Chantal mir, das Mobile einzupacken, das ich gekauft habe. Als wir dort ankommen und aus dem Auto steigen, winkt Bernhard uns vom Balkon aus zu. Beim Öffnen der Wohnungstür hören wir Babygeschrei.
„Kommt rein. Eleonore muss jetzt gestillt werden. Ich werde Kaffee machen."

„Ich möchte die Kleine erst einmal sehen und Chantal auch. Hier ein kleines Präsent für euren Nachwuchs."

„Danke."

Petra kommt mit Eleonore auf den Balkon.

„Ist die niedlich. Darf ich sie mal streicheln?"

„Natürlich."

Bernhard nimmt sie nun auf den Arm, damit Petra den Kaffee und den Kuchen genießen kann.

„Wollt ihr sie taufen lassen?" will ich wissen.

„Ja, in zwei Monaten. Am dritten Adventssonntag. Vincent, wir möchten dich und meine Mutter als Taufpaten haben."

„Aber gerne. Habt ihr schon eine Kirche ausgesucht?"

„Nein."

„Dann schlage ich die Pfarrkirche vor, in der eure Trauung war."

„Das ist eine gute Idee" meint Petra.

Sie sieht unser Geschenk auf dem Beistelltisch liegen und sagt: „Ich vermute, das habt ihr mitgebracht."

„Ja, das haben wir" sage ich.

„Dann reiche es mir bitte rüber. Ich möchte es auspacken. Oh, ein Mobile. Das können wir über dem Kinderbett aufhängen."

Während des Essens erzähle ich:

„Mitte November ist es Zeit, mit den Proben für das Weihnachtsoratorium zu beginnen. Ich hatte vor, es in der neuen Pariser Philharmonie aufzuführen. Nun habe ich mich umentschieden. Jetzt soll es die Pfarrkirche Saint-Paul Saint Lois sein. Dort, wo eure Hochzeit war und wo die Taufe sein wird. Dort werden wir singen. Werdet ihr auch kommen? Und was ist dann mit Eleonore?"

„Die werde ich mitnehmen. Sie mag Musik. Natürlich nur gute Musik."

„Und wenn sie dort weint?"

„Sie wird schlafen. Ich kenne ihren Schlafrhythmus."

„Na dann ist ja alles gut," sagte ich.

Es ist Samstag vor dem 1. Advent, der in diesem Jahr am 28. November ist.

Ich hänge im Esszimmer einen Adventskranz auf, der mit vier dicken, roten Kerzen bestückt ist. Im Wohnzimmer steckt Chantal Tannen und Kiefernzweige in eine Vase. Daran hängt sie echte Strohsterne.
 Daniel und Friederike verteilen einige Kerzen in den Zimmern. In Daniels Zimmer auch. So war es bei meinen Eltern immer, als ich klein war. Meine Eltern erklärten mir damals: „Advent heißt Ankunft, warten auf den Erlöser."
 Ich habe es damals im Prinzip verstanden, habe aber mehr auf Weihnachten mit den Geschenken gewartet, als auf den Erlöser.

Jetzt, wo ich an meine Eltern denke, möchte ich sie sehen. Wir laden sie zum Mittagessen am zweiten Advent ein. Es ist auch der Nikolaustag.
 Eine Woche später bei der Begrüßung in der Diele überreicht meine Mutter mir eine Tüte mit selbstgebackenen Plätzchen. Ich fühle mich wie ein Kind, das einen großen Schokoladennikolaus geschenkt bekommt. Ich nehme sie entgegen und sage:
 „Danke, Mama, das sind ja die runden Plätzchen mit den ganzen Mandeln drauf. Ist das herrlich."
 Ich umarme sie und helfe ihr dann aus dem Mantel.
 „Kommt rein. Setzt euch. Daniel ist heute bei Friederike."
 „Sind die beiden immer noch ein Paar?" will mein Vater wissen.
 „Ja, das sind sie."

Es gibt gefüllte Paprika mit Reis. Alle bedienen sich.

 „Ich hoffe, es schmeckt euch," sagt Chantal.
 „Papa, wie steht es mit deiner Gesundheit?" frage ich meinen Vater.
 „Ach, Vincent, es könnte besser sein. Aber so ist es nun einmal, wenn man älter wird. Alle zwei Monate gehe ich zu meinem Arzt zur Untersuchung."

„Das finde ich vernünftig."
„Das Schöne ist, dass ich keine Schmerzen habe."
„Hast du deine Urenkelin auch schon auf dem Arm gehabt?"
„Ja, als Lisbeth und ich zwei Tage nach der Geburt dort waren. Es war ein herrliches Gefühl."

Wir unterhielten uns noch eine Weile und machten dann einen Spaziergang durch unser Viertel. Ich bin erstaunt, wie beweglich mein Vater ist. Bei meiner Mutter finde ich es selbstverständlich.
„Was wirst du als nächstes mit deinen Musikern einüben?" wollte er wissen.
„Das Weihnachtsoratorium."
„Lisbeth, da werden wir hingehen, nicht wahr?"
„Natürlich, das höre ich immer gerne. Das gehört für mich zur Weihnachtszeit. Wo findet es denn statt?"
„In der Kirche, in der die Hochzeit war und wo die Taufe sein wird. Am Samstag vor dem vierten Advent."

Die Adventszeit ist für mich eine beschauliche Zeit, mit viel Kerzen, Musik und schönen Geschichten. Die Zeit schreitet voran und der Tag der Taufe naht. Sie ist im Anschluss an einen Gottesdienst. Daniel und Friederike dürfen auch dabei sein. Es ist sehr feierlich. Die Orgel spielt leise, Kerzen werden angezündet und das Taufwasser wird eingelassen. Die Taufzeremonie beginnt. Als Eleonore ein paar Tropfen Wasser auf dem Kopf bekommt, fängt sie an zu weinen, hört aber bald wieder damit auf. Die Eltern bekommen eine Taufkerze. Die Taufurkunde wird den Eltern und den Paten überreicht. Nach dem Segen verlassen wir die Kirche und fahren mit unseren beiden Autos zu einem Restaurant zum Mittagessen. Chantal hat in einem griechischen Lokal einen Tisch reservieren lassen. Die kleine Eleonore liegt friedlich in ihrem Kinderwagen, der neben dem Tisch steht. Das Größte für mich ist, wenn ich meine Enkeltochter auf dem Arm halten kann.

# Aufführung des Weihnachtsoratoriums in der Pfarrkirche Saint-Paul Saint Lois am 19. Dezember

Nun beginnen die regulären Chorproben wieder jeden Dienstag Abend. Ich begrenze mich darauf, die ersten drei Teile des Weihnachtsoratoriums aufzuführen für Soli, Chor und Orchester.

1. Teil *Am 1. Weihnachtstag* 2. Teil *Am 2. Weihnachtstag* 3. Teil *Am 3. Weihnachtstag*

Wir beginnen am Anfang:

„Jauchzet, frohlocket, auf preiset die Tage, jauchzet, frohlocket…"

Dann der Evangelist: „Es begab sich aber zu der Zeit, dass ein Gebot…"

Der Chor: „Bereite dich Zion…"

„Wie soll ich Dich empfangen und wie begegn' ich dir?"

Wir üben alles einmal durch. Es klappt ziemlich gut. Die Solo-Passagen mussten gute Sänger aus unserem Chor übernehmen. „Bei den nächsten Proben werden die Solisten dabei sein," sage ich am Schluss unserer Probe. Danach sitzen wir in unserem gemütlichen Clubraum. Es kommen nie alle mit, etwa zwei Drittel. Die Proben mit dem Orchester laufen noch parallel an den Donnerstagen. An den zwei Dienstagen vor der Aufführung üben wir mit dem Orchester zusammen. Das macht Sinn, klingt schöner und ist anstrengender. Es dauert etwa anderthalb Stunden.

Die Generalprobe ist an einem Freitagabend, einen Tag vor der Aufführung. Wird die Kirche voll sein an diesem 19. Dezember? Sie ist sehr groß. Meine gesamte Familie wird da sein und bestimmt einige Freunde und Bekannte. Es ist so weit. Ein Priester hält eine Begrüßungsansprache:

„Liebe Gemeinde, wir haben uns hier versammelt, um das Weihnachtsoratorium zu hören. Der Chor und das Orchester unter der Leitung von Herrn Vincent van Delft werden die ersten drei Teile spielen. Nun wünsche ich Ihnen viel Vergnügen."

Zu meiner Freude ist die Kirche voll besetzt. Die Musiker und Sänger gehen zu ihren Plätzen. Meine Familie hat in der ersten und zweiten Reihe Platz genommen. Dahinter sehe ich ein paar bekannte Gesichter. Es herrscht eine feierliche Stimmung, die mich im Inneren weit werden lässt. Das Orchester beginnt zu spielen. Erst mit dem Einsetzen des Chors erstrahlt das Weihnachtsoratorium zur vollen Blüte.

Am Ende spendet das Publikum reichlich Applaus. Eleonore hat nicht geweint.

Einige Freunde gratulieren mir zu dieser bravurösen Leistung. Von Petra und Bernhard muss ich mich verabschieden, denn sie müssen mit der Kleinen nach Hause. Ich gehe noch mit meinen Eltern, Chantals Eltern, Daniel und Friederike in ein französisches Restaurant zum Essen.

Am nächsten Tag stand in den Feuilletons der gängigen Zeitungen nur löbliches über unser Weihnachtsoratorium.

# Weihnachten

Meine Frau schenkt mir zu Weihnachten ein kleines Buch. Es heißt: „ach! Das kleine Buch vom großen Staunen."
　Darin lese ich einen Text, der durch eine Rede von Nelson Mandela bekannt wurde:

„*Gottes Glanz*
*Unsere tiefste Angst ist nicht die vor unserer Unzulänglichkeit.*
*Unsere tiefste Angst ist die Angst vor unserer unermesslichen Kraft.*
*Es ist das Licht in uns, nicht die Dunkelheit, die uns am meisten ängstigt. Wir fragen uns: Wer bin ich, dass ich von mir sage, ich bin brillant, ich bin begabt und einzigartig. Ja, im Grunde genommen: Warum solltest du es nicht sein? Du bist ein Kind Gottes. Wenn du dich klein machst, hilft das der Welt nicht. Es hat nichts mit Erleuchtung zu tun, wenn du glaubst, zusammenschrumpfen zu müssen, damit sich die Leute um dich herum weniger unsicher fühlen. Wir sind geboren, um den Glanz Gottes zu offenbaren, der in uns ist. Gottes Glanz ist nicht nur in wenigen von uns, Gottes Glanz ist in jedem Menschen. Wenn wir unser eigenes Licht scheinen lassen, so geben wir anderen ebenfalls die Erlaubnis, ihr Licht erscheinen zu lassen. Wenn wir uns von unserer eigenen Angst befreien, befreien wir mit unserer Gegenwart auch Andere.*"

Diese Zeilen haben mich tief berührt. Weihnachten ist bei uns immer ein Fest der Liebe, der Familie und der Geschenke. Ein geschmückter Tannenbaum mit roten Äpfeln und Strohsternen steht im großen Wohnzimmer. Reihum haben wir uns zum Mittagessen eingeladen, auch über Weihnachten hinaus. Am liebsten war mir die gefüllte Weihnachtsgans mit Rotkohl und Kartoffeln.

In den Raunächten gab es nur ein paar Schneeflocken, ansonsten war es ziemlich trüb. Man musste es sich in seinem Haus mit

Kerzen, Musik und Gesellschaftsspielen gemütlich machen. Ein Spaziergang am Nachmittag musste immer sein. Zum Kaffee gab es mal Aachener Printen und mal Apfelstrudel mit Vanillesoße und Schlagsahne. Auf meine Figur musste ich nicht achten, damit hatte ich keine Probleme. Ich bin immer gertenschlank. So manche aus unserer Familie und auch Freunde und Berufskollegen beneiden mich darum.

„Vincent, wie machst du das?" fragen sie.

„Ich esse das, was mir schmeckt und zähle keine Kalorien, und ich bewege mich viel. Das ist das ganze Geheimnis."

Meiner Frau und meinen Kindern geht es damit ähnlich.

Am Silvesterabend haben Chantal und ich Plätze in einem noblen Restaurant gebucht. Dort genießen wir die letzten Stunden des Jahres mit Tanz und gutem Essen.

# Familienneuigkeiten

Zwei Jahre später verloben Daniel und Friederike sich. Beide sind achtzehn Jahre und sind so herrlich altmodisch wie ich. Friederikes Eltern, Chantal und ich finden es gut und stehen hinter ihnen.

Unsere Kinder bestehen die Abiturprüfung. Daniel fängt mit dem Musikstudium an und Friederike wählt die Architektur, was ich sehr gut finde.

Bei der Feier in unserem Garten erzählen die beiden mir, welche Zeremonie sie zelebriert haben. Zur Zeit des Sonnenaufgangs fuhren sie in einen Wald und steckten sich dort die Ringe an. Nun haben sie den Wunsch, zusammen zu wohnen. Daniel wohnt noch bei uns und Friederike bei ihren Eltern. Ich will ihren Wünschen nicht im Wege stehen. Chantal hat auch Verständnis für die Beiden. Ich habe da eine Idee.

„Chantal, lade bitte Friederike und ihre Eltern zum Kaffee ein, damit wir mit ihnen über das Zusammenziehen unserer Kinder reden können."

Bei dem Zusammentreffen mache ich einen Vorschlag:

„Die Beiden sollen sich eine Wohnung suchen und wir zahlen je zur Hälfte die Miete. Wie findet ihr das?"

Hans und Ruth Schneider schauen sich an und es scheint so, als müssten sie eine Weile überlegen. Sie nickt. Schließlich räuspert Hans sich und sagt: „Wir sind beide mit dem Vorschlag einverstanden."

Ich sehe, wie Friederike und Daniel sich mit leuchtenden Augen anschauen.

„Dann können wir uns eine Wohnung suchen?" fragt Daniel.

„Ja, das könnt ihr."

Die beiden fallen sich um den Hals und gehen aus dem Zimmer.

„Was tut man nicht alles für seine Kinder," meint Friederikes Mutter.

Eine Woche später machen Daniel und Friederike sich auf Wohnungssuche. Sie blättern in den Wochenendzeitungen, in denen viele Wohnungen angeboten werden. Natürlich wollen sie nicht irgendeine Wohnung, sondern eine passende. Sie wollen drei Zimmer. Für jeden ein Arbeitszimmer und ein gemeinsames Schlafzimmer. Wichtig ist auch die Nähe zur Universität.

Nach einer dreiwöchigen Suche haben sie eine Wohnung gefunden, die ihren Bedürfnissen gerecht wird. Sie muss noch ein wenig renoviert werden und dann kann der Einzug beginnen. Ich biete mich an, bei der Auswahl der Möbel behilflich zu sein, aber die beiden lehnen dankend ab, denn sie wollen selbstständig sein. Nun haben Chantal und ich zwei leere Zimmer in unserer Wohnung. Ich schlage meiner Frau vor, diese zu vermieten. Sie ist anderer Meinung.

„Vincent, man weiß nicht, wen man da als Untermieter bekommt und ob die sauber und ordentlich sind."

Diese Argumente geben mir zu denken.

„Aber, schau mal, Liebling, das ist doch eine Verschwendung, wenn die Zimmer jahrelang leer stehen."

„Ja, das mag sein," sagt sie, „ich möchte die Entscheidung noch ein wenig vor mir herschieben."

Ich gebe nach und habe meine Ruhe.

Petra wird ein 2. Mal schwanger. Dieses Mal wird es ein Junge. Ich bin sehr stolz, nun zum zweiten Mal Großvater zu sein.

# Tournee durch Frankreich

Bei dieser Frankreich-Tournee wollen wir das **Pange lingua** singen. Besinge, o Zunge, das Mysterium. Ein Hymnus von Thomas von Aquino.
**Pange lingua gloriosi – Preiset, Lippen, das Geheimnis.**
Und die 9. Sinfonie in E-Moll „Aus der Neuen Welt" von Antonin Dvorák.
Ich suche die Orte aus.

*Metz,* im Oktober
Die Stadt liegt an der Mosel, ein großer moderner Konzertsaal: „Arsenal de Metz" erbaut: 1987–1989,
Architekt: Ricardo Bofill.
Die Aufführung im Konzertsaal von Metz ist uns gut gelungen. Wir haben viel Applaus geerntet.
Zwei Tage später sind wir in

*Strasbourg,* im Elsass, in der „Opéra national du Rhin.
Hier sind wir auch gut beim Publikum angekommen.
Drei Tage danach packen wir unsere Sachen in

*Dijon,* in einem sehr schicken Hotel in der Lombardei aus.
Zum Mittagessen gibt es ein Gericht nach meinem Geschmack: grüne Bohnen mit Lammkotelett und Kartoffeln. Ich unterhalte mich dabei so schön mit Bernhard. Petra hat ja nun ihr zweites Kind, das noch zu klein ist, um auf eine Tournee mitzufahren. Urplötzlich schmerzt mein rechter oberer Backenzahn. Ich muss aufhören zu essen und gehe zum Spiegel im Toilettenraum. Beim Ausspucken sehe ich ein Teil eines Zahnes. Aha, denke ich, das ist der Grund und gehe zur Rezeption, wo ich nach einem Zahnarzt frage. Man schreibt mir die Adresse eines Zahnarztes in der Nähe auf. Bevor ich dort hin fahre, muss ich meine Leute informieren.

„Hört mir mal bitte zu. Ich habe ganz plötzlich Zahnschmerzen bekommen und muss jetzt zu einem Zahnarzt fahren. So wie meine Schmerzen jetzt sind, wird unsere Aufführung heute Abend wohl nicht stattfinden können."

Ein großes Gemurmel beginnt und „gute Besserung" höre ich sie sagen. Ich gehe ins Freie, wo die Taxen auf Fahrgäste warten. In der Praxis angekommen, erkläre ich der Sprechstundenhelferin meine Situation.

„Ich verstehe" sagt sie, „Sie sind als nächster an der Reihe."

„Vielen Dank" sage ich und setzte mich auf einen Stuhl. Es schmerzt ganz heftig. Vor Spritzen habe ich keine große Angst. Ich versuche, mich abzulenken, indem ich mir die Anderen wartenden Patienten anschaue. Eine ältere Frau hält ihre rechte Wange mit einem Taschentuch und schaut dabei nach unten.

Wenn ich an die Tournee denke, sehe ich meine Felle schon davon schwimmen. Wir werden die nächsten Aufführungen verschieben müssen.

„Herr van Delft, bitte."

Damit werde ich aus meinen Gedanken gerissen. Ich muss mich auf den Zahnarztstuhl setzen.

„Ich werde Ihnen jetzt eine Spritze gegen Ihre Schmerzen geben und morgen sehen wir uns wieder."

Die Spritze wirkt schnell. Während der Taxifahrt zum Hotel beginne ich zu überlegen.

Doch in meinem Hotelzimmer kann ich besser nachdenken. Als erstes muss ich die Aufführung heute Abend absagen. Und dann könnten wir alle weiteren Termine um einige Tage verschieben. Mal sehen, was der Zahnarzt morgen sagt. Dann kommt mir eine gute Idee: Statt alle Termine nach hinten zu schieben, wäre es besser, die Aufführung in Lyon abzusagen, und alle anderen wie geplant wahrzunehmen.

In der kommenden Nacht schlafe ich gut. Das Essen ist etwas schwierig, weil ich nur auf der linken Seite kauen kann. Der Zahnarzt repariert meinen Zahn, auch wenn es nur provisorisch ist.
„Dann wünsche ich Ihnen viel Erfolg bei den weiteren Aufführungen," sagt er bei der Verabschiedung. Nun muss ich den Chor- und Orchesterleuten das weitere Vorgehen erläutern. Sie nehmen es gelassen auf.

In den Zeitungen von Lyon war zu lesen, dass unsere Aufführung ausfallen muss, weil der Dirigent erkrankt sei. Die Menschen waren sehr enttäuscht. Alle, die eine Eintrittskarte für Lyon haben, bekommen ihr Geld zurück und können sich eine Karte für Avignon kaufen. Dort wird es sehr voll sein. Ich befürchte, dass nicht alle eine Karte bekommen werden.

An **Lyon** müssen wir leider vorbei fahren. Sie ist die Hauptstadt der Region Auvergne-Rhône-Alpes.

In **Avignon,** werden wir herzlich empfangen, in der Stadt der Päpste, in Südfrankreich, am Ufer der Rhône.
In der Opéra Grand Avignon werden wir singen.

Und tatsächlich, in der Grand Opéra war nicht nur jeder Platz belegt, es standen auch Menschen an den Seiten. Mein Zahnproblem gab es nicht mehr. Ich konnte mich sehr gut konzentrieren und hatte kein Lampenfieber.

Am nächsten Tag stand in den Zeitungen ausschließlich Positives über unsere Leistung, was mein Selbstwertgefühl um einige Stufen angehoben hat. Bin ich nun auf dem Höhepunkt meiner Schaffenskraft angekommen? frage ich mich. Die Frage kann ich nicht so einfach beantworten. Vielleicht geht noch mehr Erfolg, noch mehr Bekanntheitsgrad. Aber, vielleicht muss ich auch vorsichtig sein und an meine Gesundheit denken und mich nicht total verausgaben. Über solche Gedanken spreche ich mit niemandem.

Die 4,5 Kilometer lange Stadtmauer, die bis heute fast vollständig die Altstadt umschließt, haben wir uns noch angesehen, bevor wir nach Toulouse aufgebrochen sind.

**Toulouse,** liegt in Südfrankreich an der Garonne.
Der Konzertsaal heißt „Halle aux Grains," und ist aus dem 19. Jh. Vor dem Konzert geht mir durch den Kopf, was ich vor zwei Tagen in Avignon gedacht habe. Ich will mein Bestes geben, ohne mich zu verausgaben, das muss doch möglich sein. Generalproben brauchen wir nicht mehr, weil wir jeden zweiten bzw. jeden dritten Tag spielen.

Wir bekommen sehr viel Applaus, weil wir durch die vielen Aufführungen immer perfekter werden. Als es bei der 9. Sinfonie dem Ende entgegen geht, komme ich ganz langsam in ein Gefühl des Schwebens. Man könnte denken, das ist schön. Nein, es ist nicht schön. Wo ist der Halt? Kann ich mich noch halten? Dirigiere ich noch? Ja, das tue ich. Hoffentlich ist es bald vorbei. Nur noch zwei Seiten in meiner Partitur. Das muss ich noch schaffen. Ich besinne mich auf das Atmen. Das ruhige Atmen. Ja, jetzt ist das Stück zu Ende. Ich komme langsam wieder in die Schwere meines Körpers. Es tut gut. Nur nicht umkippen und sich nichts anmerken lassen.

Alles jubelt. Ich stehe da wie nach einem Gewitterregen und halte mich am Geländer meines Dirigentenpultes fest, bis ich das Gefühl habe, ich kann es loslassen und nach einer kurzen Verbeugung hinaus gehen. Ich gehe an die frische Luft und atme tief ein. Ich bin so froh, aber so darf es nicht weiter gehen. Nun kommen Menschen heraus. Manche wollen ein Autogramm, was ich bereitwillig gebe. Ein älterer Mann fragt mich, ob es mir gut geht. Wahrscheinlich hat er etwas von meinen seltsamen Gefühlen bemerkt.

„Ja, ja," sage ich, es geht mir gut." und hoffe, dass er nicht weiter fragt.

Ich suche Bernhard auf und gehe mit ihm in ein französisches Restaurant, um mich zu stärken. Bernhard hat nichts von meinen „Schwebegefühlen" mitbekommen, ich hoffe, die Anderen auch nicht. Und wenn doch?

Nach dem Essen auf dem Weg zum Hotel habe ich den Wunsch, mit jemandem darüber zu sprechen. Aber mit wem? Das weiß ich noch nicht. Erst einmal gut schlafen. Am nächsten Tag finde ich Erholung bei den Spaziergängen mit meinen Sängern und Musikern, wie hier beim Besichtigen des Gebäudes aus dem 18. Jh. an der Place du Capitole, was zugleich Rathaus und Theater ist. Dann machen wir noch einen Abstecher zum Kanal du Midi. Während dessen wird mir klar, dass ich mit Chantal darüber sprechen will. Am nächsten Vormittag rufe ich sie an:

„Hallo Vincent, schön von dir zu hören. Wie geht es dir?"
„Eigentlich gut, aber vorgestern bei der Aufführung in Toulouse hatte ich ein seltsames Gefühl. So etwas habe ich bisher noch nicht erlebt. Alles ging gut, bis kurz vor Schluss. Mir wurde ganz langsam so leicht in meinem Körper. Es war ein Gefühl, als würde ich vom Boden abheben und ein paar Zentimeter über der Erde schweben. Das war natürlich nicht der Fall, aber es fühlte sich so an. Ich schaffte es noch bis zum Ende und habe mich dann an einem Geländer festgehalten, weil ich nicht sicher war, ob ich ohne diesen Halt stehen kann."
„Was passierte dann?" fragte Chantal ganz aufgeregt.
„Beruhige dich. Ich bin an die frische Luft gegangen, habe tief eingeatmet und bekam meine Erdschwere wieder. Ein älterer Mann fragte mich, ob es mir gut gehe. Mit Bernhard bin ich dann noch essen gegangen und habe danach gut geschlafen. Der gestrige Spaziergang mit den Sängern und den Orchesterleuten hat mir gut getan."
An Chantals Stimme höre ich, dass sie aufgeregt ist.

„Ich finde, du solltest dieses Erlebnis nicht einfach so abtun, als wenn nichts gewesen wäre. Schau mal, du hast in so vielen Städten Erfolg gehabt. Nun hat dir dein Körper gesagt, dass es etwas zu viel war. Du solltest es ernst nehmen. Willst du Erfolg, oder willst du deine Gesundheit behalten?"

Ich brauche nicht lange zu überlegen und sage:

„Ich will beides. Erfolg und gesund bleiben."

„Denk mal genau nach, ob dir nicht doch eins von beiden wichtiger ist."

„Natürlich die Gesundheit."

„Na also. Das heißt, du musst überlegen, ob du diese Tournee zu Ende bringen willst, oder ob du sie abbrichst."

„Es ist gut, mit dir darüber zu reden. Es tut mir gut, dass du mich ernst nimmst. Aber du musst verstehen, dass ich jetzt keine Entscheidung treffen kann. Ich will die Nacht darüber schlafen. Dann werde ich es wissen."

„Gut, solange hat es noch Zeit."

„Tschüss, meine Liebe."

Ich schlafe in der nächsten Nacht sehr gut und habe einen ungewöhnlichen Traum, der mir zu denken gibt. Den schreibe ich dann später auf:

Ich dirigiere die 9. Sinfonie von Dvorak und bin sehr beflügelt, verliere die Bodenhaftung und hebe ab. Ich schwebe einen halben Meter über dem Boden. Das Orchester spielt weiter. Sie müssen zu mir aufschauen. Was ist das für ein Zustand? Wann hört das denn auf? Langsam bekomme ich die Erdschwere und lande auf meinem Dirigentenpodest und der Traum ist zu Ende.

Ich werde langsam wach und befühle meinen Körper. Ich schwebe nicht, sondern liege ganz normal in dem Hotelbett. Jetzt fällt mir das Telefongespräch von gestern Abend mit Chantal ein. Eine Entscheidung ist fällig. Metz, Strasbourg, Dijon, Avignon, Toulouse und jetzt noch Bordeaux, La Rochelle, Le Mans und Ronchanmp? Das ist zu viel.

Ich muss die Bremse ziehen. Bei den letzten vier Städten werde ich absagen. Die werden nicht erfreut sein und meine Sänger und die Musiker auch nicht. Ich muss eine Begründung liefern. Die werde ich mir im Laufe des Tages überlegen. Wenn ich sage, ich hatte einen Schwächeanfall ... Nein, das will ich nicht, dann bin ich ja ein Schwächling. Ich stehe auf, mache mich im Bad frisch und gehe zum Frühstück. Auf dem Weg dorthin fällt mir ein, was ich gleich sagen werde.

„Guten Morgen, meine Lieben. Ich hoffe, ihr habt alle gut geschlafen. Was ich jetzt sage, fällt mir nicht leicht. Ich habe mich während dieser Tournee übernommen. So viele Aufführungen hintereinander, das war sehr anstrengend. Ich muss an meine Gesundheit denken. Die Tournee ist für uns hier zu Ende. Ich werde in den letzten vier Städten Bescheid geben, dass wir leider nicht kommen können. Ich hoffe, ihr seht ein, dass zugunsten der Gesundheit auch mal ein ehrgeiziges Programm gekürzt werden muss. Nun wünsche ich euch einen guten Appetit."

Es wurde noch hier und da gemurmelt, aber es gab keinen Widerstand. Das hat mich beruhigt, und ich konnte nun auch mit dem Frühstück beginnen. Als ich danach Chantal anrief und ihr meine Entscheidung mitteilte, war sie erleichtert.

„Das hast du richtig entschieden. Ich freue mich auf dich."

„Jetzt werde ich noch in den vier Städten anrufen. Das fällt mir nicht leicht, aber ich muss es machen."

Wir verabschiedeten uns und ich mache vor den Anrufen noch einen kleinen Spaziergang. Schade, denke ich. Demnächst werde ich keine solch großen Tourneen mehr machen. Ich staune, wie viel Verständnis mir entgegengebracht wird, als ich meine Absagen der Reihe nach erledige. Mir fällt am Schluss ein großer Stein vom Herzen.

## 75. Geburtstag meines Vaters

Meinem Vater geht es immer noch gut. Er hat den Wunsch, seinen Geburtstag mit einer großen Kaffeetafel in unserem Garten zu feiern. Diesem Gefallen will ich ihm tun. Er bestimmt, wer eingeladen wird.

Es werden große Sonnenschirme aufgestellt, denn es ist ein warmer, sonniger 2. Juli. Für das leibliche Wohl sorgen Chantal, Petra und Bernhard.

„Kannst du ein paar Musiker aus deinem Orchester zusammenstellen, die für eine gemütliche Stimmung Sorgen?"
„Ja, Vater, das werde ich machen."
Ich denke an eine Querflöte, eine Geige, ein Cello und ein Saxofon.

Es ist 15 Uhr, die Musiker sind da und stimmen ihre Instrumente. Die ersten Gäste sind da, auch meine beiden Enkel. Ich sitze mit Chantal, meinem Vater und meiner Mutter an einem Tisch. Während Kaffee und Kuchen aufgetragen werden, kommt ein Priester und geht auf meinen Vater zu, gratuliert ihm und überreicht ihm ein kleines Geschenk. Mein Vater wickelt es gleich aus. Es ist ein kleines Buch: „Zeiten des Glücks, Geschichten für Herz und Seele."

„Vielen Dank, setzen Sie sich doch zu uns an den Tisch."
„Gerne," sagt er und nimmt Platz. Wie ich sehe, sind Sie bei bester Gesundheit."
„Ja, das stimmt" sagt mein Vater mit kräftiger Stimme.

Hoffentlich fragt der Priester nicht nach meiner Gesundheit und dem Abbrechen der Tournee. Um dem zuvor zu kommen, stehe ich auf und begrüße stellvertretend für meinen Vater die Gäste und sage: „Die Kaffeetafel ist eröffnet."

Nun genießt jeder seinen Lieblingskuchen, auch die Musiker, bevor sie anfangen zu spielen, und ich bin erst einmal frei von möglichen, unangenehmen Fragen. Ich komme mir komisch vor, als wenn ich mich verstecken müsste. Wenn ich gefragt werde, dann sage ich, was gewesen ist. Ein Priester hat bestimmt Verständnis für besondere Lebenslagen. Ich bitte die Musiker, Lieder zu spielen, die den meisten Menschen bekannt sind.

Jetzt kommt meine Enkelin Eleonore zu mir, die mittlerweile schon 10 Jahre alt ist. Ich frage sie, ob es ihr noch immer Spaß macht, in die Schule zu gehen.

„Na klar, unsere Lehrerin ist doch so nett zu uns Schülern, und gute Noten habe ich auch," sagt sie mir stolz. Wir plaudern noch eine Weile, bis sie zu Petra zurückläuft. Nun schaut der Pfarrer zu mir und sagt: „Ich fand es bedauerlich, in der Zeitung zu lesen, dass Sie Ihre Frankreich-Tournee mittendrin abgebrochen haben. Was war passiert?"

Nun wollte ich nicht ausweichen: „Wissen Sie, wir hatten vor, in zehn Städte zu spielen. Das war zu viel. Das habe ich aber erst gemerkt, als wir nach Lyon fahren wollten. Man kann sich nicht überstrapazieren. Irgendwann streikt der Körper. Dann habe ich mir gesagt, meine Gesundheit ist wichtiger, als das ehrgeizige Programm unbedingt bis zum Ende durchzuführen."

„Das kann ich verstehen. Sie haben es bestimmt richtig gemacht."

Der Priester unterhielt sich noch eine Weile mit meinem Vater und auch mit meiner Mutter, bis er sagte: „Leider muss ich jetzt gehen, denn ich habe noch einen 75-jährigen Jubilar zu besuchen. Machen Sie es gut und bleiben Sie gesund."

Mit diesen Worten stand er auf und ging, den Gästen zuwinkend, zu seinem Auto.

## 75. Geburtstag meiner Mutter

Der Geburtstag meiner Mutter ist am 2. Januar. Sie möchte einige Verwandte zu einem Abendessen in einem Restaurant einladen. Sie ist noch so fit, dass sie die Tischreservierung selbst machen kann.

Ich überlege, was ich ihr schenken soll. Noch fällt mir nichts ein. Am nächsten Tag habe ich eine Idee: Fotos von meinen Enkeln. Ich rufe Petra an und bitte um ein schönes Fotos von ihren Kindern. Ich bekomme eins in DIN A 4 Größe, das ich dann rahmen lasse.

Am Abend trifft sich die große Familie in einem vornehmen französischen Lokal. Ein Priester ist auch eingeladen. Zunächst müssen sich alle begrüßen und umarmen. Jeder bringt ihr ein Geschenk mit. Diese Päckchen und Pakete legt sie auf einen Tisch. Es ist so eine Sitte bei uns, dass sie erst später, bevor die Gäste gehen, ausgepackt werden. Es gibt keine einzelnen Tische, sondern eine lange Tafel, an der man sich einen Platz suchen kann. Ich setze mich links neben meine Mutter. Rechts von ihr sitzt mein Vater und links neben mir habe ich Chantal. Petra, Bernhard und ihre beiden Kinder sitzen uns gegenüber.

Nun wird das Essen aufgetragen, das meine Mutter ausgewählt hat. Die Vorspeise ist eine Tomatencreme Suppe. Die Hauptspeise ist ein Hirschragout mit Kroketten. Mir schmeckt es vorzüglich.
„Mama, das hast du gut ausgewählt."
Die Nachspeise besteht aus Vanilleeis mit heißen Himbeeren. Alle sind mit dem Essen zufrieden. Nachdem Abräumen beginnen die Gespräche. Ich höre hier und da mit. Es wird über die Familie, über Gesundheit und über die kleinen Wehwehchen gesprochen.

„Mama, nun könntest du deine Geschenke auspacken," sage ich zu ihr.

„Ja, das ist eine gute Idee. Dann reiche sie mir bitte nacheinander rüber."

Meine Mutter packt aus. Sie ist nicht so, dass sie das Papier aufreißt oder an den Schleifen zerrt. Nein. Sie zieht an den Bändern und achtet darauf, dass das Papier nicht eingerissen wird. Man könnte denken, sie macht es extra spannend. Sie ist eben so, dass sie auch mit Gegenständen achtsam umgeht.

Nun ist endlich mein Geschenk an der Reihe.

„Rate zuerst, was es ist."

„Das könnte ein Buch sein."

„Nein, das ist es nicht. Du musst weiter raten."

„Ist es ein Bild?" fragt sie.

„Jetzt darfst du es auswickeln."

Nun kommt es zum Vorschein.

„Oh, ist das schön. Das sind ja meine Urenkel Eleonore und Jasper. Vielen Dank, mein Sohn. Das werde ich morgen im Wohnzimmer aufhängen."

Als meine Mutter alle Geschenke ausgepackt hat, überreicht der Priester ihr sein Geschenk. Es ist ein ähnliches Buch, wie es mein Vater bekommen hat.

Sie packt alle Geschenke wieder ein. Zu Hause kann sie dann noch einmal auspacken. So ist meine Mutter.

# Die Begegnung mit einem Pferd

Mein Cousin Patrick rief mich neulich an. Der Mann mit dem Pferdehof.

„Hallo Vincent, wie geht es dir? Ich habe über Petra und Bernhard mitbekommen, dass du deine Frankreich-Tournee nach der Hälfte abgebrochen hast, und habe mir so meine Gedanken gemacht."

„Mir geht es gut. Was für Gedanken hast du dir gemacht?"

„Na ja, so viel, wie du in letzter Zeit gemacht hast, das kann vielleicht zu viel gewesen sein."

„Ja, Patrick, da hast du recht. Es war zu viel."

„Was war es denn genau, warum du die Tournee abgebrochen hast? Mir kannst du es sagen. Ich habe Menschenkenntnis und werde es nicht herumerzählen. Höchstens meiner Sabine, wenn du nichts dagegen hast."

„Was ich dir jetzt sagen werde, kann Sabine auch wissen. Also, bei einer Aufführung, es war in Toulouse, bekam ich so ein Gefühl von Leichtigkeit. Das Gefühl kam ganz langsam und wurde immer deutlicher, bis ich meinte, ich würde schweben. Das Stück war bald zu Ende, und ich schaffte den Schluss noch. Danach bin ich an die frische Luft gegangen. Das tat gut."

„Das ist doch sonnenklar. Du warst nicht geerdet. Schau mal, ich bin jeden Tag bei unseren Pferden. Das tut mir so gut und das erdet so wunderbar. Ich schlage vor, du kommst mal zu mir und dann sehen wir, was ich für dich tun kann."

„Meinst du, ich solle reiten?"

„Vielleicht. Es geht nicht ums Reiten, sondern es geht darum, dass du wieder ganz fest mit beiden Beinen auf den Boden kommst. Dabei können uns die Pferde helfen. Ich habe eine Stute, die einen guten Charakter hat. Sie heißt Gräfin. Wirst du kommen? Es würde dir bestimmt gut tun."

Ich überlegte kurz und sagte dann zu, weil mir seine Argumente einleuchteten.
„Kann ich morgen Nachmittag kommen?"
„Ja, das kannst du. Ich freue mich. Du brauchst keine Reitausrüstung, sondern nur einen festen Willen."
„O.k., dann bis morgen."

Als ich Chantal von meinem Vorhaben erzählte, war sie davon begeistert. Ich überlege beim Einschlafen, wann ich das letzte Mal ein Pferd berührt habe. Es fällt mir nicht ein. Dann kommt eine Gewissheit: noch nie! Dann wird es höchste Zeit, sage ich mir und freue mich auf morgen und schlafe ein.

Ich träume von einem Ausritt auf einem großen Pferd zusammen mit Patrick und Sabine.

Beim Aufwachen erzähle ich Chantal davon. Wie kann es sein, dass ich im Traum so gut reiten kann und in Wirklichkeit habe ich keine Ahnung davon. Am Nachmittag fahre ich los. Ich habe mir ein paar Möhren eingesteckt für das Pferd, das ich vielleicht reiten werde. Ich bin etwas aufgeregt. Wie heißt das Pferd nochmal? Gräfin. Wie wird es wohl werden? frage ich mich. Angst vor Pferden habe ich nicht. Beim Einbiegen auf den Hof geht ein Wiehern los. Das ist eine schöne Begrüßung. Die Sonne scheint und sie blendet.

„Vincent, schön dass du schon da bist. Wir können gleich mal in die Stallgasse gehen. Dann hast du einen Überblick über unsere Pferde. Du solltest Stiefel anziehen, sonst werden deine Schuhe schmutzig."

Zum Glück habe ich mir Gummistiefel mitgenommen, die ich am Auto anziehe.

„Dies ist Gräfin. Wir nehmen sie mal nach draußen auf den Hof."

Patrick führt sie am Halfter und bindet sie an einem Zaunpfahl an.

„Ich gebe dir ein paar wichtige Ratschläge für Anfänger. Wenn du in den Stall gehst, um ein Pferd zu holen, darfst du nie von hinten an es herantreten. Pferde dösen meistens im Stehen. Es würde sich erschrecken und nach hinten ausschlagen. Also immer von vorne kommen, es mit dem Namen ansprechen und ein Halfter überstreifen. Wie das geht, zeige ich dir später. Pferde sind immer noch Fluchttiere. Wenn sie eine Gefahr wittern, rennen sie davon. Dann kannst du sie kaum aufhalten. Nimm diese Bürste und striegele sie damit. Fange am Hals und am Rücken an. Achte auf die Ohren des Pferdes. Dort, wo die Ohren hingedreht sind, ist ihre Aufmerksamkeit. Sie können auch eins nach vorne und eins nach hinten stellen."

„Das ist ja interessant" sage ich und bürste den Pferderücken weiter.
Nun will ich auf die andere Seite des Pferdes gehen und sehe, dass Sabine kommt.
„Hallo Vincent, schön, dich hier zu sehen" begrüßt sie mich. „Wie geht es dir?"
„Wunderbar, ich bekomme gerade die ersten Tipps von Patrick. Nun will ich auf die andere Seite des Pferdes. Soll ich vorne oder hinten vorbeigehen."
„Immer vorne vorbei, es sei denn, es geht nicht. Dann kannst du in einem größeren Bogen hinten vorbeigehen."
Patrick kommt zu mir und macht mir einen Vorschlag.
„Vincent, du sollst jetzt deine erste Reitstunde bekommen. Komm mit, ich zeige dir die Sattelkammer. Hier an der Wand steht Gräfin. Alles, was du hier siehst, gehört zu ihr: Zaumzeug, Sattel, Decke, lange Leine und Putzkasten. Als erstes nehme ich das Zaumzeug und lege es dem Pferd an. Pass gut auf, wie die Reihenfolge ist. In ein paar Tagen kannst du es mit meiner Hilfe dann selbst."

Ich versuche, mir alles zu merken. Dann holen wir den Sattel.
Patrick zeigt mir, wie man den Sattel auf den Pferderücken legt und ihn befestigt. Später muss man noch nachgurten, sagt

er. Dann zeigt er mir noch, wie die Länge der Steigbügel einzustellen ist.

„Halt mal das Pferd fest, ich hole die lange Leine."

Er befestigt sie am Zaumzeug und wir gehen zu einer kleinen hölzernen Treppe.

„Das ist die Aufstiegshilfe für die älteren Reiter. Die jungen kommen von allein hinauf."

„Soll ich wirklich?" entfährt es mir instinktiv.

„Natürlich. Du sollst nicht, du willst. Ich halte das Pferd fest. Du siehst, wie ruhig Gräfin steht. Streiche über ihren Hals. Jetzt greife mit beiden Händen an das vordere Ende des Sattels und schwinge das rechte Bein über den Sattel. Na, also. Das war doch sehr gut. Wie fühlst Du Dich?"

„Es ist sehr ungewohnt, so hoch zu sitzen. Hast du nicht ein kleineres Pferd?"

„Ja, ich habe kleinere Pferde, aber das macht es nicht leichter. Du wirst dich bald an die Höhe gewöhnt haben. Jetzt werde ich nachgurten und du nimmst die Zügel auf und presst mit deinen Fersen in die Seiten des Pferdes. Gut so. Bleib ganz locker aufrecht sitzen und schau nach vorne über die Ohren des Pferdes. Hast Du einen sicheren Sitz?"

„Ja, ich bin gespannt, wie es weitergeht."

„Dann bleib so und denke daran, dich mit den Fersen fest zu klammern, und Gräfin wird langsam im Schritt an der Longe gehen."

Es geht los, ich habe keine Angst. Nach einer Weile fängt es an, mir Spaß zu machen.

„Patrick du hattest recht. Ich habe mich an die Höhe gewöhnt."

„Ich will nicht, dass du dich zu Anfang überforderst. Wir machen noch eine Runde."

Wir sind an der kleinen hölzernen Treppe und ich kann absteigen.

„Du wirst morgen Muskelkater in den Oberschenkeln haben. Möchtest du weitermachen?"

„Ja, das möchte ich."

„Dann komm in drei Tagen wieder, dann machen wir zu dritt einen Ausritt. Komm bitte in der Früh, dann kannst du beim Füttern helfen und bekommst noch mehr Tuchfühlung zu den Pferden."

„Kann ich ihr jetzt meine Möhren geben?"

„Ja, und besorge dir bis dahin eine Reitkappe, Reithandschuhe und Reitstiefel."

„O.k., das werde ich. Und vielen Dank für die erste Reitstunde."

„Gerne, grüß' Chantal von mir."

Ich fahre beschwingt nach Hause und schwärme Chantal von meiner ersten Reitstunde vor.

„Du riechst ja nach Pferd" sagt sie, als ich ihr etwas nähergekommen bin.

„Das ist doch normal. Pferde riechen eben so. Das habe ich vorher auch nicht gewusst. Ich werde mich umziehen und waschen. Morgen kaufe ich mir eine Reitausrüstung, damit wir einen Ausritt machen können."

„Na, du bist ja begeistert. Vielleicht ist das die Therapie für dich, damit du in deinem Beruf selbstbewusster wirst."

„Damit hast du den Nagel auf den Kopf getroffen. Aber, was meinst du, ich kann doch nicht diese Reitstunde und die Ausritte so kostenlos hinnehmen. Wie viel soll ich ihm dafür geben?"

„Gib ihm 20 Euro für jeden Ausritt. Ich möchte auch einmal mitkommen und sehen, wie du reitest."

„Na klar, dann kannst du auch Fotos davon machen."

Am nächsten Tag habe ich Muskelkater. Außerdem laufen meine Chorproben weiter. In unserer gemütlichen Runde nach der Probe erzähle ich von meinem neuen Hobby. Fast alle sind erstaunt und hätten mir so etwas nicht zugetraut. Zwei Sänger berichten von ihren Reiterfahrungen. Einer ist im Reitverein und macht wöchentlich einen Ausritt. Ein Anderer, der zwei Pferde besitzt, erzählt begeistert, wie viel Freude ihm seine Pferde bereiten, aber auch, mit wie viel Ausgaben das verbunden ist. Mit einem Pferd fing er an, aber Pferde seien nun mal Herdentiere und nicht gern allein, deshalb hat er sich das Zweite angeschafft.

Am Tag darauf suche ich mir im Internet ein Reitgeschäft in unserer Nähe und fahre hin. Im Geschäft erkläre ich, dass ich eine Reitausrüstung brauche.
„Eine komplette Ausrüstung?" fragt der Verkäufer.
„Ja, ich fange gerade mit dem Reiten an."
„Dann beginnen wir mal mit den Stiefeln."

Ich staune, wie viel Geld man für Reitstiefel ausgeben muss. Der Verkäufer rät mir zu Lederstiefeln, die wären atmungsaktiver als Gummistiefel. Also nehme ich Lederstiefel, auch wenn sie 400 Euro kosten. Er meint, eine Reithose brauch man auch, weil sie keine Innennaht hat. Die würde scheuern. Das sehe ich ein und probiere eine Hose nach der anderen, bis ich eine passende gefunden habe. Mit dem Helm und den Handschuhen ist es einfacher.
„Brauchen sie eine Gerte?" fragt er mich.
Ich überlege, Patrick hat nichts von einer Gerte gesagt und in der Sattelkammer habe ich auch keine gesehen.
Wieso sollte ich eine Gerte kaufen? Man schlägt keine Pferde.
„Nein" sage ich entschieden „die brauche ich nicht."

Ich bekomme eine hohe Rechnung und fahre mit einem guten Gefühl nach Hause. Chantal staunt auch, wie teuer doch der Reitsport ist.

Am darauffolgenden Samstag stehe ich sehr früh auf und fahre nach dem Frühstück zu Patrick, mit samt meiner neuen Ausrüstung. Ich gehe gleich in den Stall, wo ich ihn und Sabine finde. Sie sind schon beim Füttern. Ein kurzes Hallo und ich darf mich gleich nützlich machen.

„Vincent, dort stehen die Eimer mit dem fertig gemischten Kraftfutter. Die Pferdenamen stehen darauf. Du brauchst den Inhalt nur in den jeweiligen Trog zu schütten. Wasser und Heu haben sie schon. Alle Pferde sind gesund, sodass keins ein Medikament bekommt."

Nach einer halben Stunde ist die Fütterung beendet, und wir können die drei Pferde der Reihe nach hinaus führen und anbinden. Jeder putzt sein Pferd und bereitet es für den Ausritt vor. Ich brauche natürlich am längsten, was kein Wunder ist. Sabine hilft mir beim Sattel auflegen und beim Zaumzeug. Es ist wie eine kleine Wissenschaft, wenn man es noch nicht oft gemacht hat.

Endlich sind wir startklar. Es ist ein warmer Sommertag, der am blauen Himmel einzelne Wolken ziehen lässt. Wo es geht, reiten wir nebeneinander. Auf schmalen Wegen ist Patrick vorn, ich in der Mitte und Sabine hinten.

„Wie würdet ihr reiten, wenn ich nicht dabei wäre?" frage ich die beiden, als wir nebeneinander reiten.

„Natürlich schneller" sagen beide.

„Dann macht es doch" sage ich.

„Dann wird deine Gräfin auch mitlaufen. Willst Du das?"

„Nein, noch nicht. Ich will lieber noch im Schritt reiten."

Wir bleiben stehen und Patrick erläutert mir, wie er mir das schnellere Reiten beibringen will.

„Am nächsten Samstag werden wir auf den Reitplatz gehen und du lernst das Traben, und vielleicht auch noch das Galoppieren, aber heute bleiben wir beim Schritttempo."

Ich bin einverstanden. Wir reiten zurück, befreien die Pferde vom Sattel und vom Zaumzeug und führen sie auf die Weide. Dort können sie sich austoben und grasen.

Bevor ich nach Hause fahre, gebe ich Patrick 100 Euro und sage ihm, dass ich das jeden Monat machen werde. Er bedankt sich, steckt das Geld ein und sagt:

„Ja, das ist in Ordnung."

Auf dem Nachhauseweg fällt mir auf, dass meine Familie in den Hintergrund geraten ist, seitdem ich reite. Das ist gar nicht gut. Meine Tochter mit Familie müssten wir einladen. Als ich Chantal zu Hause antreffe, spreche ich sie darauf an.

„Schatz, ich will durch das Reiten nicht die Beziehungen zu unseren Verwandten verlieren."

„Da hast du etwas Wichtiges angesprochen. Ich werde Petra mit ihrem Mann und den beiden Kindern für nächsten Sonntag zum Mittag einladen. Wie war es bei Patrick und Sabine?"

„Unser Ausritt war wunderschön. Wir sind nur im Schritt geritten. Am nächsten Samstag will Patrick mir die schnelleren Gangarten beibringen. Darauf bin ich schon sehr gespannt."

Am nächsten Tag habe ich wieder Muskelkater, bin aber glücklich, weil ich in der letzten Zeit mehr Lebensfreude spüre.

Petra, Bernhard und meine beiden Enkel kommen am Sonntag pünktlich zum Essen.

„Hallo meine Lieben, es ist ein so schönes Wetter, dass wir auf der Terrasse essen sollten," schlage ich vor.

Es sind alle einverstanden. Die Kinder laufen gleich durch den Garten und bestaunen die verschiedenen Blumen.

„Das Essen ist gleich fertig. Bernhard hilf mir bitte, das Geschirr raus zu tragen."

„Ja mache ich" sagt er. „Vincent, an der Garderobe stehen Reitstiefel. Sind das deine?"

„Ja, das erkläre ich Dir später beim Essen."

Bernhard ist mit meiner Antwort zufrieden und trägt weiter die Schüsseln auf die Terrasse.

Die Kinder können schon selbst essen und bekommen höhere Stühle. Eleonore ist nun elf Jahre und Jasper neun. Bevor wir mit dem Essen anfangen, muss noch ein großer Sonnenschirm aufgestellt werden.

Chantal hat mal wieder etwas sehr Gutes gekocht. Nur die Kinder sind etwas anderer Meinung und rühren die Hauptspeise kaum an. Dafür essen sie von dem Eis, das es als Dessert gibt, wesentlich mehr. Wann wird Bernhard mich fragen, was es mit den Reitstiefeln auf sich hat? Er ist noch zu sehr mit dem guten Essen beschäftigt. Endlich kommt die Frage, nachdem sein Teller fast leer ist.

„Vincent, jetzt sag mal bitte, was du mit den Reitstiefeln machst."

Ich gebe die Frage an ihn zurück:

„Was meinst du, was man damit macht?"

„Nun sei nicht so wortkarg und erzähl schon."

„Na gut, vor drei Wochen habe ich meine erste Reitstunde bekommen, von meinem Cousin Patrick. Er rief mich an, und hat mich für die Pferde begeistert. Gestern haben wir einen Ausritt gemacht, Sabine war auch dabei. Du glaubst gar nicht, wie gut das tut. Immer samstags fahre ich hin, ganz früh. Ich helfe auch beim Füttern. Seitdem ich das mache, geht es mir nicht nur körperlich besser, sondern auch psychisch. Es erdet einen so."

„Das hört sich ja richtig gut an. Und was ist mit deiner Musik?"

„Die leidet doch nicht darunter, im Gegenteil. Die wöchentlichen Chorproben mache ich natürlich weiter. Als nächstes will ich ein Ausflugsschiff mieten und mit einem Teil des Orchesters darauf Tanzmusik spielen."

Petra hört aufmerksam zu und schaut zu mir:

„Papa, du bist noch aktiver geworden als sonst."

Wir reden noch eine Weile, auch über ihre Kinder, wie schön sie sich entwickeln. Beim Abschied sagt Petra:

„Als nächstes laden wir euch zu uns ein."

Der Samstag kommt näher und ich freue mich schon auf die nächste Reitstunde. Ich ziehe meine Reithose an und merke auf dem Weg zum Auto, dass es heute etwas kühl ist und fahre los. Auf dem Hof angekommen, ziehe ich mir die Reitstiefel an. Gräfin steht schon am Putzplatz. Ich gehe langsam auf sie zu und strecke meine Hand aus. Sie erkennt mich. Nun kann ich über ihren Hals streiche und bemerke, dass sie mit einem Sicherheitsknoten angebunden ist.

„Ich sehe, ihr habt euch schon gut angefreundet." So werde ich von Patrick begrüßt.

„Bin ich zu spät dran?" frage ich.

„Nein, ich hatte heute Lust, etwas früher aufzustehen. Du kannst sie jetzt bürsten und satteln. Mit dem Zaumzeug helfe ich dir dann."

Das Bürsten mag ich gerne, es hat tatsächlich etwas Meditatives, wenn man es nicht hastig, sondern mit Hingabe macht. Patrick kommt mit der langen Leine und ich darf mich aufs Pferd setzen.

„Eine Runde reitest du im Schritt. Dann gebe ich das Zeichen zum Trab und du drückst mit den Fersen in ihre Flanken. Halte die Zügel locker, aber lass sie nicht hängen."

Als das Pferd zu traben beginnt, wird es ziemlich wackelig für mich.

„Vincent, halte deinen Oberkörper ruhig, und versuche, in der Hüfte mitzuschwingen, bis du den Rhythmus des Pferdes hast. Erst dann macht das Traben Spaß."

Ich versuche es, und tatsächlich, es wird weniger holprig.

„Ja, so ist es richtig," werde ich gelobt.

„Jetzt zurück in den Schritt und dann machen wir noch eine Runde im Trab. Den Galopp machen wir nächsten Samstag."

„O.k." sage ich und bin dann doch froh, als ich absteigen kann und lobe mein Pferd.

„Du hast Talent zum Reiten" höre ich und werde dabei ein paar Zentimeter größer.

Meiner Chantal erzähle ich von dem Kompliment, dass ich heute bekommen habe und sage ihr:

„Wir haben schon lange nicht deine Eltern eingeladen. Ich finde es ist längst an der Zeit."

„Du hast recht. Ich werde sie zum Kaffee einladen."

Am nächsten Samstag sitze ich wieder auf dem Pferd. Die Vorbereitungen dafür gingen schon viel zügiger.

„Vincent, das Traben kannst du schon. Nun ist der Galopp dran. Lass die Zügel lockerer, beuge den Oberkörper leicht vor und bringe mehr Gewicht in die Steigbügel. Nun mit der linken Ferse in die Flanke drücken. Hopp. Siehst du, es ist doch ganz einfach. Fühle dich nun in diesen Dreierrhythmus ein, dann wird es dir Spaß machen."

Ich versuche es. Ganz allmählich gelingt es mir und ich fühle mich schon fast eins mit dem Pferd.

„Gut so, noch eine Runde. Jetzt zurück in den Trab und im Schritttempo noch eine halbe Runde. Das reicht für heute."

„Das war ganz schön anstrengend, aber es hat mir Spaß gemacht," sage ich beim Absteigen.

„Am nächsten Samstag kannst du dein Gelerntes bei einem Ausritt im Gelände festigen."

Ich will mehr über Pferde und ihre Eigenheiten wissen und kaufe mir ein Buch: *Pferde, Eleganz und Rasse. Informationen rund um Haltung, Schulung, Reitsport, und Kauf, Pferderassen von A-Z."*

Es sind viele Fotos darin. Am meisten interessiert mich das Kapitel über die *Sprache* des Pferdes. Jeder Reiter sollte etwas von der Sprache des Pferdes verstehen, um sich mit ihm anzufreunden, aber auch, um sich selbst zu schützen. Denn ein übelgelauntes Pferd kann – entgegen der landläufigen Meinung, diese Tiere seien so gutmütig, dass sie keinem Menschen etwas zuleide tun können – unter Umständen kräftig zubeißen oder austreten.

Am darauffolgenden Samstag kommt Chantal mit, weil sie sehen will, wie ich reite, und weil sie Fotos machen will. Als wir bei Patrick ankommen, schaut sie sich den ganzen Hof an, während wir die Pferde vorbereiten. Endlich sind wir so weit. Das Wetter ist wunderbar. Chantal macht einige Fotos von uns und fährt dann nach Hause. Zunächst reiten wir auf einem Waldweg und kommen dann auf eine große, freie Grünfläche und machen den

Bogen nach rechts um den Wald im Galopp. Es ist so herrlich. Eine Stunde ist so schnell vorbei, wenn es solchen Spaß macht. Aber, wir müssen wieder zurück.

Nun fahre ich jeden Samstag zum Hof, egal, wie das Wetter ist. Im Winter, wenn es etwas geschneit hat, sieht man beim Zurückreiten die Pferdespuren.

# Bootsfahrt auf der Seine mit Tanzmusik

Bei einem Spaziergang mit Chantal an der Seine sah ich ein Ausflugsschiff an uns vorbei fahren. Dabei kam mir die Idee, mit ein paar ausgewählten Musikern auf so einem Schiff zu fahren und Musik zu machen, nach der man tanzen kann.

*Yellow River* von *Christie* und ähnliches aus den 70er Jahren.

Zu Hause angekommen, rief ich die Faamilie „Battaux Mouches" an und fragte, ob es möglich ist, ein Schiff für einen Abend zu mieten, auf dem man Tanzmusik machen kann. Ich bekam zur Antwort, ja, das könne man. Ich habe dann einen Samstag ausgewählt, an dem Vollmond ist, in der Hoffnung, dass es dann nicht regnet.

Von meinen Verwandten und Freunden werden einige kommen. Patrick und Susanne, Petra und Bernhard, die Kinder werden von Bernhards Eltern beaufsichtigt. Friederike und Daniel, mein Patenonkel Paul mit Regina und vielleicht unsere Nachbarn. Ich hoffe, es wird von dem Schiffsunternehmen viel Werbung für diese kurze Tour gemacht.

Ich bin sehr pünktlich auf diesem Schiff. Die vier Musiker sind schon da und haben ihre Instrumente aufgebaut: Schlagzeug, Saxofon, elektrische Gitarre und eine Trompete.
    Das Schiffsdeck füllt sich. Die Verwandten und Bekannten muss ich persönlich begrüßen. Noch ist es hell. Trotzdem sollen die Musiker schon beginnen zu spielen. Schlagermusik aus den 80er Jahren.

So manches Paar hat sich schon auf die Tanzfläche begeben und schwingt das Tanzbein. Es herrscht Windstille, so dass das Schiff nicht schaukelt. Jetzt wage ich einen Tanz mit Chantal. Noch nie habe ich auf einem Schiff getanzt. Richtig schön wird es erst, als es anfängt zu dämmern und man den Vollmond beobachten kann.

Ich setze mich mit Cahantal an den Rand der Tanzfläche und beobachte, wie verschieden die Paare tanzen und wie einige sich ganz frei nach der Musik bewegen. Die Rundfahrt dauert bis um 2 Uhr. Ich finde, es war genug. Die jungen Leute hätten es bestimmt noch länger haben wollen.

## Die Beerdigung meines Vaters

Mein Vater ist nun 85 und immer noch ziemlich fit. Ich habe ihn schon länger nicht gesehen. An einem Vormittag im Februar ruft meine Mutter mich an und sagt, ich solle kommen.

„Rolf ist in der Nacht gestorben."

Sie weint. Ich sage, dass ich sofort zu ihr komme und lege auf. Zuerst erzähle ich es Chantal und fahre dann los. Meine Mutter steht schon in der Haustür, weil sie mich hat kommen hören. Ich nehme sie in den Arm und tröste sie mit ein paar Worten.

„Komm, Mama, wir gehen rein. Nun erzähl mal, was passiert ist."

„Wir sind gestern Abend ins Bett gegangen wie immer, und heute morgen ist er nicht aufgestanden. Er hat nicht mehr geatmet. Dann habe ich dich angerufen."

Wir gehen ins Schlafzimmer und ich sehe ihn in seinem Schlafanzug liegen. Ich gehe nah zu ihm hin und schließe seine Augenlider.

Warum habe ich in letzter Zeit so wenig Kontakt zu ihm gehabt? Das tut mir jetzt weh. Ich halte meine Mutter fest, die neben mir steht. Wir bleiben einen Moment so stehen und treten dann zurück. Wie friedlich er aussieht.

„Komm, Mama, wir gehen jetzt ins Wohnzimmer. Wir müssen eine Formalie erledigen, einen Arzt rufen, der offiziell den Tod feststellt und einen Totenschein ausstellt. Willst du das machen?"

„Nein, mach du es lieber. Ich gebe dir die Telefonnummer."

Nachdem der Arzt die Formalitäten erledigt hat, mache ich meiner Mutter einen Vorschlag:

„In den nächsten drei Tagen bis zur Beerdigung wird immer einer bei dir in der Wohnung sein. Danach kannst du bei uns wohnen."

„Ja, mein Junge, das ist gut. Ich könnte jetzt nicht gut allein hier sein, wo Rolf nun nicht mehr lebt."

Ich merke, wie eine Trauer sich auf mich legt. Nach einer Weile fällt mir das Schicksal von Johann Sebastian Bach ein.

Im Jahr 1720 war er als 35-jähriger Kapellmeister drei Monate im böhmischen Karlsbad. Als er nach Hause zu seiner Familie kam, erlebte er eine Tragödie. In der Zwischenzeit ist seine geliebte Frau gestorben, mit der er 13 Jahre eine harmonische Ehe geführt hatte. Er war am Boden zerstört, aber es gibt Hinweise, wie er seinen Schmerz verarbeitet hat. Er hat die *Ciaccona,* wie sie im Original heißt, nach dem Tod seiner ersten Frau komponiert. Zwar lässt sich die genaue Entstehungszeit nicht eindeutig belegen, doch spricht einiges dafür, dass Bach hier seinen Schmerz verarbeitet und seiner Gefährtin, die er im Leben nicht mehr angetroffen hatte, ein unvergängliches Denkmal gesetzt hat.

Mit etwa 13 Minuten ist die Ciaccona fast so lang wie alle anderen Sätze der D-Moll-Partita zusammen. In mir wächst eine Idee heran. Ich will diese Partita von einem Musiker aus meinem Orchester bei der Trauerfeier für meinen Vater in der Kirche spielen lassen. Dieser Gedanke tröstet mich und ich habe genügend Festigkeit, um ein Bestattungsunternehmen zu beauftragen und mit Chantal die Todesanzeigen zu schreiben und zu verschicken.

Am Tag der Beerdigung fahre ich mit Chantal und meiner Mutter zum Friedhof. Chantal und ich nehmen meine Mutter in unsere Mitte. Wir betreten die kleine Kapelle. Menschen, die ich kenne, sitzen links und rechts in den Reihen. Leise Töne erklingen von einem Cello und von einer Geige. Wir gehen zum offenen Sarg. Nun kann ich meinen Vater noch einmal sehen, ein letztes Mal.

Ich falte die Hände und bin ganz still. Tränen der Trauer fließen über meine Wangen, zum ersten Mal seit seinem Tod. Ich brauche ein Taschentuch. Dieses Gefühl will ich nicht verdrängen.

Ich stehe noch eine Weile dort und setze mich dann mit Chantal und meiner Mutter in die erste Reihe, die für uns frei gehalten wurde. Dabei sehe ich Petra mit ihrer Familie und Daniel mit Friederike. Meine Tränen versiegen allmählich.

Der Sarg wird geschlossen und zum Grab gefahren. Beim Hinablassen des Sargs kommt noch einmal ein Abschiedsschmerz. Wir halten uns ganz fest an den Händen. Blumen und Erde fallen abwechselnd auf das helle Holz. Sehr viele Freunde und Bekannte gehen an uns vorbei und reichen uns ihre Hand mit ein paar tröstenden Worten.

Mit einem Mal wird mir bewusst, dass wir hier den Körper meines Vaters beerdigen, aber nicht seine Seele. Außerdem habe ich so viele Bilder von ihm in meinem Kopf, so dass er in mir weiter lebt. Zum Trauergottesdienst gehen wir in die Kirche. Sie ist nahezu voll besetzt. Die Orgel ist leise zu hören und verstummt, als der Priester zu uns spricht. Die Stationen im Leben meines Vaters, die für ihn wichtig waren, habe ich dem Priester vor zwei Tagen erzählt. Nun sind sie in einer kleinen Predigt eingewoben.
    Gleich wird die Partita von Bach erklingen. Ich lehne mich zurück und genieße diese Musik, in der eine schöne Wendung passiert. Am Ende macht sie einen hoffnungsvoll. Ich bin sehr gefestigt und fühle meinen Vater in mir.

Die geladenen Gäste finden sich in einem Lokal ein, welches Chantal für unsere große Gesellschaft reserviert hat. Eine lange Tafel steht in dem großen Saal. Hier habe ich die Gelegenheit, mich während des Essens mit einigen Verwandten zu unterhalten. Patrick fragt mich, ob ich am Samstag trotzdem zum Reiten kommen will.
    „Lieber Patrick, ich komme nicht trotzdem zum Reiten, sondern ich komme, weil es mir gut tut."

Meine Mutter bewohnt nun das Zimmer, dass früher Petra gehörte. Ihr Haus kann sie jetzt verkaufen.

Jede Woche gehe ich zum Grab meines Vater und stelle frische Blumen hin. Später weite ich den Abstand auf vier Wochen aus und dann gehe ich zwei Mal im Jahr hin. Ich erzähle ihm im Stillen, was ich so mache und wie es mir geht.

# Schlusswort

Ich, als Vincent van Delft, habe in meinem Leben vieles gelernt. Als ehrgeiziger Einzelkämpfer habe ich mir zu viel abverlangt und bin damit auf die Nase gefallen. Ich wollte ein großer, bekannter Dirigent werden, so wie Herbert von Karajan.
Chantal sagte:
„Warum willst du dich mit den Größten vergleichen? Das macht keinen Sinn. Du bist einzigartig, so wie du bist."

Erst als ich mit dem Reiten anfing, habe ich begonnen, das Leben zu genießen. Das, was ich dort erlebt habe, kann mir kein Therapeut vermitteln.

*Liebe Leserin, Lieber Leser, hat Ihnen der Roman gefallen? Schreiben Sie mir bitte Ihre Meinung.*
*arnoldbonaker@web.de*

Der Autor dieses Buches wird einen zweiten Roman herausgeben:

## Drei Seefahrer auf dem Weg nach Indien

*Leseprobe*

Drei Männer:
*Peter*, Spitzname: *Pit*, ist ein Musiker mit Schifferklavier und Mundharmonika, verheiratet und hat zwei Kinder,
*Karl-Heinz*, ein Pfeifenraucher ist Junggeselle,
*Johann*, auch *Jan* genannt, ist ein Vielredner und auch Junggeselle

Sie kennen sich seit der Schulzeit und sind im Charakter sehr unterschiedlich. Sie haben sich vorgenommen, von ihrer Heimatstadt Bremerhaven mit einem Segelschiff nach Indien zu fahren, um Handel zu treiben. Bei einem Gespräch in einer Kneipe erfährt Karl-Heinz, der selbsternannte Kapitän der Dreiergruppe, dass er ein altes Schiff günstig kaufen kann. Das muss erst repariert werden und vor allem müssen die Drei arbeiten, um die 500 Gulden für das Schiff zu erwirtschaften.

Was sie bei den Vorbereitungen und auf der Hin- und Rückfahrt erleben, ist manchmal schön und manchmal gar nicht schön, auf jeden Fall spannend beschrieben. Peter und Johann geraten manchmal so hart aneinander, dass der Kapitän ein Machtwort sprechen und eine Strafe androhen muss, falls sie nicht damit aufhören.
    Im Toten Meer stellen sich ihnen mehrmals die Seeräuber in den Weg.
    Auf jeden Fall wird ihre Freundschaft durch die vielen Erlebnisse gefestigt und sie wachsen über sich hinaus.

**Es ist Anfang März 1870.**

Die junge Stadt Bremerhaven hat etwa 5.000 Einwohner. Bürgermeister und Pastor *Joachim Smidt* weihte die *Große Bürgermeister-Smidt-Kirche* im Jahr 1855 ein. Eine evangelische Kirche.

Der 80 Meter hohe Turm diente als Landmarke für alle seegehenden und heimkehrenden Schiffe.

In diese schöne, große Kirche gehen viele Gläubige und auch weniger stark Gläubige.
Peter, Karl-Heinz und Johann sind auch oft in der Kirche.

**Erste Gespräche am Hafen**

Die Sonne wärmt an manchen Tagen so, dass man keine Handschuhe mehr tragen muss, aber wärmende Jacken. Alle drei tragen schwarze Cord-Hosen.

Sie sitzen auf einer grünen Bank am alten Hafen und schauen auf die Weser. In der Mitte sitzt Johann. Pit ist der Kleinste mit blondem Haar. Karl-Heinz ist größer. Er ist brünett. Der Größte ist Jan mit seinem dunklen Haar. Schlank sind sie alle drei.

Es geht ein leichter Wind, so dass sie einige Dreimaster langsam vorbeiziehen sehen. Möwen kreisen um das Heck und rufen ihre Laute.
Karl-Heinz, der mit der meisten Seefahrer-Erfahrung sagt, „Die Schreie der Möwen sind wie Musik in meinen Ohren."
„Schau mal, Karl-Heinz" sagt Jan, „dort schwimmen Schwäne im Schilf. Eins, zwei, und Stockenten drei, vier."
Die an ihnen vorübergehenden Menschen grüßen freundlich. Die Männer ziehen ihren Hut.

Mit einem großen Schiff wollen sie von Bremerhaven nach Indien fahren.
Sie wollen Handelsware nach Indien schiffen und auf dem Rückweg Seide, Tee und Gewürze mitnehmen.

Sie wollen Geld verdienen.

Woher bekommen sie ein geeignetes Handelsschiff?
Woher bekommen sie das Geld für den Einkauf der Handelsware?
Jedoch, bevor sie losfahren und bevor sie überlegen, was sie alles für die lange Fahrt einkaufen, müssen sie einen Kapitän wählen, der das Sagen hat.

„Ich bin der Kapitän" sagt Johann.
„Das kommt nicht in Frage. Du redest zu viel. Ich werde Kapitän sein, weil ich die meiste Erfahrung habe. Schließlich bin ich schon mehrmals über die Ozeane gefahren, und ihr beide? Wie oft seid ihr übers Meer gefahren?"
Beide sind still.
„Na also. Dann haben wir das auch geklärt."
„Und was ist mit Peter?" fragt Johann.
„Du siehst doch, dass er sich zurück hält. Der ist doch viel zu sensibel für so etwas. Peter nun leg mal deine Mundharmonika weg und sag doch auch mal was dazu."
Peter spielt weiter, als wenn er nichts gehört hat.
„Zum Donnerwetter, hör auf mit deiner romantischen Art, sonst können wir dich nicht mitnehmen" sagt Karl-Heinz.

Das hat Peter gehört und hört sofort auf zu spielen, denn schließlich will er auch mitfahren. Er macht seinen Mund auf, aber es kommt kein Wort heraus.
„Peter, hast du heute überhaupt schon ein Wort gesprochen?"
„Nö" sagt Peter so leise, dass seine Kumpels ihn nicht verstehen können.
„Hast du was gesagt?" fragt Johann, ich hab nämlich nichts gehört. Karl-Heinz, hast du was gehört?"
„Ja, ich habe die Möwen gehört, sonst nichts."
Jetzt gibt Peter sich große Mühe und ruft ganz laut:
„Ich habe kein Interesse, Kapitän zu sein, das ist mir zu anstrengend."

Mensch Peter, du kannst ja richtig laut und deutlich sprechen. Das solltest du ab jetzt immer machen" lobt ihn Karl-Heinz und bläst eine blaue Wolke in die Luft, die vom Wind zu Peter hinübergetragen wird. Den stört es, aber er sagt nichts und pustet seine Mundharmonika aus und möchte am liebsten wieder spielen, schaut aber zu den beiden Anderen hinüber, als wenn er um Erlaubnis bitten muss.

„Nun spiel schon" sagt Johann, „es gefällt mir, wie du spielst, auch was du spielst. Ich wünsche mir manchmal, dass ich das auch könnte, aber dafür kann ich andere Sachen."

„Nun hört mal gut zu" sagt Karl-Heinz energisch, „wir müssen überlegen, was wir alles für die Überfahrt brauchen und dann alles auf eine Liste schreiben."

„Da hast du Recht" sagt Johann, „mir fällt da spontan ein, dass wir Seekarten brauchen und ein gutes Fernrohr."

„Ja, klar, das brauchen wir" sagt Karl-Heinz und genießt seine Pfeife. „Was wir noch brauchen, sind Handfeuerwaffen."

Plötzlich legt Peter seine Mundharmonika auf die Bank, steht auf und wird redselig: „Was? Handfeuerwaffen? Wofür das denn?"

„Peter, beruhige dich und setz dich wieder hin" sagt Karl-Heinz, „die Welt ist nicht immer so friedlich, schon lange nicht so friedlich wie du. Hast du schon einmal etwas von Piraten gehört?"

„Ja, habe ich" sagt Peter und setzt sich wieder.

„Und weißt du auch, was die machen?"

„Ich bin ja nicht ganz blöd" sagt Peter etwas beleidigt, „die kapern manchmal ein Schiff."

„Na also, und weil wir uns von denen nicht unser Schiff klauen lassen wollen, müssen wir uns mit den Pistolen wehren."

Johann ist der gleichen Meinung wie Karl-Heinz, „Mensch, Karl-Heinz, das finde ich genauso wie du. Wir müssen uns nicht nur für jeden eine Pistole kaufen, sondern für jeden von uns zwei Pistolen, falls eine mal eine Ladehemmung hat. Gut, dass wir dich als Kapitän gewählt haben."

„O.k." sagt Pit, „wir kaufen Pistolen, aber für jeden nur eine. Und was ist, wenn einer von uns einen Schuss abbekommt?

Wir sollten Verbandszeug, Mullbinden und eine Flasche Äther mitnehmen."

„Gut, Pit, du hast Recht, wir müssen davon ausgehen, dass mal einer von uns verletzt wird. Die drei Sachen müssen noch auf unsere Liste."

„Für heute haben wir genug geplant" meint Karl-Heinz mit seiner festen Stimme. „Geht man nach Hause. Wir sehen uns morgen um neun Uhr auf der Bank."

„Ja, dann tschüs" sagen Pit und Jan.

Am nächsten Morgen kommen die Drei um neun Uhr zur Bank.

„Moin" ruft Karl-Heinz, noch bevor sie die Bank erreicht haben, denn er sitzt schon dort.

„Moin, moin" sagt Johann.

„Nun erzähl man nich' zu viel" muss Karl-Heinz den Vielredner zurechtweisen. Peter begrüßt die Anderen auch mit einem *moin*, aber so, dass die beiden das nicht hören können.

Karl-Heinz steckt sich erst mal seine Pfeife an und schaut den Möwen nach, die einem vorbeiziehenden Segelboot folgen und sagt, „was ist das für eine schöne Stimmung hier. Und die Sonne begrüßt uns auch noch. Peter, du hast noch gar nicht auf deiner Mundharmonika gespielt. Was ist los mit dir?"

„Ja, mir ist gestern und heute viel durch den Kopf gegangen. Wie wollen wir denn zu einem Schiff kommen und womit wollen wir das bezahlen, was wir gestern überlegt und aufgeschrieben haben?"

„Pit, du musst vertrauen haben und daran glauben, dass wir das irgendwie schaffen" beruhigt ihn der Kapitän.

„Karl-Heinz, meinst du, glauben an Gott?"

„Ja, auch, aber du musst auch an dich und an deine Stärke glauben, sonst können wir das nicht schaffen. Kennst du die Stelle in der Bibel, *Der Glaube kann Berge versetzen?*"

„Ja, das habe ich schon mal gehört" sagt Pit etwas kleinlaut.

„Pit, du musst ganz fest daran glauben, dass wir es schaffen" sagt Jan. „Wir sind alle drei stark und haben einen festen Willen.

Wir werden es nicht heute, nicht morgen, nicht nächst Woche, aber vielleicht in einem Monat schaffen."

Jetzt wird Pit mit einem mal munter: „Ja, aber wir können doch nicht nur hier sitzen und warten, bis uns jemand ein großes Schiff schenkt und noch Geld dazu für den ganzen Einkauf."

„Und eine Bank überfallen wollen wir nicht. Wir sind ehrliche Leute" gibt Jan zu bedenken. „Wir sollten sehen, wie wir uns redlich Geld verdienen können. Pit, du könntest schon mal anfangen und mit deinem Schifferklavier ein paar schöne Lieder spielen. Du setzt dich nahe ans Wasser, wo die meisten Leute lang gehen, spielst und legst deine Mütze vor dich hin. Einige Leute werden bestimmt Geld hinein werfen."

Pit kratzt sich am Kopf. „Meinst du wirklich, dass sollte ich machen?"

„Na klar. Los, geh, fang an!"

„Das ist eine gute Idee" meint auch ihr Kapitän. „Und wir beide sollten überlegen, wie wir Geld verdienen können."

Pit nimmt sein Schifferklavier und geht an den Weg, wo die Menschen entlang gehen und fängt an zu spielen.

Karl-Heinz und Jan beobachten aus einer gewissen Entfernung das Geschehen. Sie können hören, was Peter spielt.

„Schau an" sagt Jan, „die Leute bleiben stehen und einige werfen Geldstücke in seine Mütze. Ich bin gespannt, wie viel Gulden und Taler er uns nachher zeigen kann."

Beide überlegen, womit sie Geld verdienen können und schauen dabei zu Peter hinüber.

„Ich habe eine Idee" sprudelt es plötzlich aus Jan heraus. Er steht auf und zeigt in Richtung eines großen Schiffes.

„Die schiffe hier werden beladen mit Säcken. Das machen starke Männer. Das habe ich schon beobachtet. Das könnten wir doch auch machen. Wir beide sind stark. Damit könnten wir auch viele Gulden verdienen. Karl-Heinz, wie denkst du darüber?"

„Das ist eine Idee, die man durchdenken sollte."

Er macht ein nachdenkliches Gesicht, schlägt seine Pfeife aus und stopft sie mit neuem Tabak.

„Jan, du musst bedenken, dass die Säcke schwer sind, der Tag lang ist und wir nicht mehr die Jüngsten sind."

„Wir sind fünfunddreißig, Das ist kein Alter. Dann müssen wir eben ein Brot mit Schinken mehr essen und ab und zu eine kleine Pause machen."

Karl-Heinz sieht in die Luft, als wenn ihm von dort jemand eine Entscheidung zuflüstern kann. Nach einer Weile spricht er langsam und bedächtig.

„O.k. wir wollen Geld verdienen, dann muss man auch etwas dafür tun. Wir gehen morgen um neun Uhr zu dem großen Schiff und fragen, ob wir dort mit dem Säcke schleppen Geld verdienen können."

Sie bleiben noch eine Weile gedankenverloren sitzen und schauen in den klaren Nachmittagshimmel. Jan packt sein Wurstbrot aus und kaut genüsslich. Die Sonne geht merklich dem Horizont entgegen.

Jetzt hört Peter auf zu spielen und kommt mit seinem Instrument zu ihnen.

„Lass mal sehen, was du in deiner Mütze hast sagt Jan.

„Hier, es ist ein Gulden, fünf Taler und eine menge Groschen. Es hat mir richtig Spaß gemacht mit dem Spielen und dabei noch Geld zu bekommen."

Karl-Heinz sagt „ein Schiff können wir uns dafür noch nicht mieten, aber das ist ein Anfang. Wenn du so weiter machst und wir mit unserer neuen Idee auch Geld verdienen, dann wird unser Vorhaben immer wahrscheinlicher."

„Karl-Heinz, lass mich erzählen," fährt Jan dazwischen.

„Na gut. Dann erzähl du."

Und Jan erzählt von dem, was sie morgen Vormittag vor haben.

„Man o man" sagt Pit, „das ist doch großartig, wenn das klappt."

Nach einer Weile des Schweigens schlägt Karl-Heinz vor:

„Lasst uns in die Kneipe gehen und einen trinken auf das, was wir heute alles beschlossen haben."

## Gespräch in der Kneipe

Sie steuern die Kneipe an, die sie schon seit langem kennen. *Der Becher* heißt sie. Als sie das Lokal betreten, werden sie lauthals begrüßt.

„Kommt rein, setzt euch zu uns" rufen die Männer durcheinander, die alle an einem großen Tisch sitzen und vor sich ihre Zinnbecher mit dem Bier stehen haben. Frauen gibt es hier nicht. Ein paar Kerzen an den Wänden bringen etwas Licht in den sonst dunklen Raum, so dass die Drei erkannt werden.

„Mensch, Karl-Heinz, Peter und Jan, was für eine Freude, euch auch mal wieder zu sehen."

„Ganz meinerseits" sagt Karl-Heinz zu Clas und klopft ihm kräftig auf die Schulter. Jan fängt an zu erzählen:

„Stellt euch vor, wir wollen…"

Da unterbricht ihn Karl-Heinz und sagt:

„Nun plauder man nich' gleich alles aus. Immer langsam mit die jungen Pferde," und flüstert Jan ins Ohr:

„Die sollen doch nicht gleich alles wissen. Mit der Zeit erklären wir ihnen schon unser Vorhaben."

# Der Autor

Arnold Bonaker wurde 1949 in der Nähe von Bremen geboren. Der diplomierte Architekt und Bauzeichner fand im zweiten Bildungsweg zu seiner Berufung. Bevor er sich der Architektur widmete, studierte er Sport und Mathematik. Seine Liebe zur Musik spiegelt sich nicht nur in seiner Erzählung wider. Auch im privaten Leben singt Arnold Bonaker leidenschaftlich gerne im Chor. Neben seiner Affinität zum Musikalischen, steht er auch als Laien-Schauspieler gerne auf der Bühne oder ist mit dem Fahrrad unterwegs.
Als Vater von vier Kindern lebt Arnold Bonaker in Saarbrücken. Was ihn auszeichnet? Seine Fantasie! Ein Talent, welches er in seinem ersten Werk „Ein Dirigent mit Lampenfieber" gekonnt unter Beweis stellt.

**novum** ▲ VERLAG FÜR NEUAUTOREN

# Der Verlag

*Wer aufhört
besser zu werden,
hat aufgehört
gut zu sein!*

Basierend auf diesem Motto ist es dem novum Verlag ein Anliegen neue Manuskripte aufzuspüren, zu veröffentlichen und deren Autoren langfristig zu fördern. Mittlerweile gilt der 1997 gegründete und mehrfach prämierte Verlag als Spezialist für Neuautoren in Deutschland, Österreich und der Schweiz.

**Für jedes neue Manuskript wird innerhalb weniger Wochen eine kostenfreie, unverbindliche Lektorats-Prüfung erstellt.**

Weitere Informationen zum Verlag und
seinen Büchern finden Sie im Internet unter:

w w w . n o v u m v e r l a g . c o m

# Bewerten Sie dieses Buch auf unserer Homepage!

www.novumverlag.com